Comportamento do consumidor

Central de Qualidade — FGV Management
ouvidoria@fgv.br

PUBLICAÇÕES
FGV Management

SÉRIE MARKETING

Comportamento do consumidor

Roberto Meireles Pinheiro
Guilherme Caldas de Castro
Helder Haddad Silva
José Mauro Gonçalves Nunes

FGV management
FGV EDITORA

Direitos desta edição reservados à
EDITORA FGV
Rua Jornalista Orlando Dantas, 37
22231-010 — Rio de Janeiro, RJ — Brasil
Tels.: 0800-021-7777 — 21-3799-4427
Fax: 21-3799-4430
editora@fgv.br — pedidoseditora@fgv.br
www.fgv.br/editora

Impresso no Brasil / *Printed in Brasil*

1ª edição — 2011.
1ª e 2ª reimpressões — 2012.

Preparação de originais: Maria Lucia Leão Velloso
Editoração eletrônica: FA Editoração Eletrônica
Revisão: Adriana Alves e Fatima Caroni
Capa: aspecto:design
Ilustração de capa: André Bethlem

Pinheiro, Roberto Meirelles
Comportamento do consumidor / Roberto Meireles Pinheiro.
[et al.]. — Rio de Janeiro : Editora FGV, 2011.
144 p. — (Marketing (FGV Management))

Em colaboração ccom Guilherme Caldas de Castro, Helder Haddad Silva, José Mauro Goncalves Nunes.
Publicações FGV Management.
Inclui bibliografia
ISBN: 978-85-225-0919-5

1. Comportamento do consumidor. I. Castro, Guilherme Caldas de. II. Silva, Helder Haddad. III. Nunes, José Mauro Gonçalves. IV. FGV Management. V. Fundação Getulio Vargas. VI. Título. VII. Série.

CDD-658.834

Aos nossos alunos e aos nossos colegas docentes,
que nos levam a pensar e a repensar nossas práticas.

Sumário

Apresentação

Este livro compõe as Publicações FGV Management, programa de educação continuada da Fundação Getulio Vargas (FGV).

Instituição de direito privado com mais de meio século de existência, a FGV vem gerando conhecimento por meio da pesquisa, transmitindo informações e formando habilidades por meio da educação, prestando assistência técnica às organizações e contribuindo para um Brasil sustentável e competitivo no cenário internacional.

A estrutura acadêmica da FGV é composta por oito escolas e institutos: a Escola Brasileira de Administração Pública e de Empresas (Ebape), dirigida pelo professor Flavio Carvalho de Vasconcelos; a Escola de Administração de Empresas de São Paulo (Eaesp), dirigida pela professora Maria Thereza Leme Fleury; a Escola de Pós-Graduação em Economia (EPGE), dirigida pelo professor Rubens Penha Cysne; o Centro de Pesquisa e Documentação de História Contemporânea do Brasil (Cpdoc), dirigido pelo professor Celso Castro; a Escola de Direito de São Paulo (Direito GV), dirigida pelo professor Ary Oswaldo Mattos Filho; a Escola de Direito do Rio de Janeiro (Direito Rio), dirigida pelo professor Joaquim Falcão; a Escola de Economia de São Paulo (Eesp), dirigida pelo professor Yoshiaki Nakano; o Instituto Brasileiro de Economia (Ibre), dirigido pelo professor Luiz Guilherme Schymura de Oliveira. São diversas unidades com a marca FGV, trabalhando com a mesma filosofia: gerar e disseminar o conhecimento pelo país.

Em suas áreas específicas de conhecimento, cada escola é responsável pela criação e elaboração dos cursos oferecidos pelo Instituto de Desenvolvimento Educacional (IDE), criado em 2003 com o objetivo de coordenar e gerenciar uma rede de distribuição única para os produtos e serviços educacionais da FGV, por meio de suas escolas. Dirigido pelo professor Clovis de Faro e contando com a direção acadêmica do professor Carlos Osmar Bertero, o IDE engloba o programa FGV Management e sua rede conveniada, distribuída por todo o país (ver www.fgv.br/fgvmanagement), o programa de ensino a distância FGV Online (ver www.fgv.br/fgvonline), a Central de Qualidade e Inteligência de Negócios e o Programa de Cursos Corporativos In Company. Por meio de seus programas, o IDE desenvolve soluções em educação presencial e a distância e em treinamento corporativo customizado, prestando apoio efetivo à rede FGV, de acordo com os padrões de excelência da instituição.

Este livro representa mais um esforço da FGV em socializar seu aprendizado e suas conquistas. Ele é escrito por professores do FGV Management, profissionais de reconhecida competência acadêmica e prática, o que torna possível atender às demandas do mercado, tendo como suporte sólida fundamentação teórica.

A FGV espera, com mais essa iniciativa, oferecer a estudantes, gestores, técnicos — a todos, enfim, que têm internalizado o conceito de educação continuada, tão relevante nesta era do conhecimento — insumos que, agregados às suas práticas, possam contribuir para sua especialização, atualização e aperfeiçoamento.

Clovis de Faro
Diretor do Instituto de Desenvolvimento Educacional

Ricardo Spinelli de Carvalho
Diretor executivo do FGV Management

Sylvia Constant Vergara
Coordenadora das Publicações FGV Management

Introdução

Este livro representa um compromisso de longo prazo dos autores com uma abordagem do estudo do comportamento do consumidor, alicerce fundamental para o desenvolvimento do marketing como filosofia de negócios e processo de gestão. A intenção da presente obra é conciliar a discussão dos aspectos conceituais com uma abordagem pragmática dos temas abordados, a fim de permitir uma leitura que favoreça o aprendizado de estudantes e profissionais.

A estrutura do livro, a seleção de seu conteúdo e a escolha dos casos relatados baseiam-se na experiência dos autores em sala de aula de cursos de pós-graduação realizados em diversos estados brasileiros, sempre conciliada com suas outras vivências profissionais. Algumas características da obra são:

- texto de fácil leitura, com o objetivo de estimular os leitores por meio de exemplos adequados, que subsidiem aplicações desafiadoras;
- cobertura integrada de conceitos tradicionais e contemporâneos oriundos de obras importantes já publicadas na área, ligados à prática.

Com o objetivo de oferecer um embasamento conceitual, o capítulo 1 aborda algumas teorias sobre o comportamento do consumidor, abrindo caminho para que se compreendam os fatores que influenciam o processo de compra.

O capítulo 2 examina mais de perto os fatores psicológicos, socioculturais, situacionais e demográficos que afetam o consumo.

O capítulo 3 detalha o processo decisório de consumo a partir de um modelo de etapas. Aborda também a relação entre o ponto de venda e o processo decisório de compra, a partir das influências do *layout* e da atmosfera de loja.

O capítulo 4 trata do comportamento do consumidor organizacional, discutindo o conceito e os objetivos da compra organizacional, suas características e diferenças em relação à compra do consumidor final. Analisa os estágios da compra organizacional, e seus tipos, detalhando ainda os determinantes do processo de compra organizacional.

Fechando o livro, o capítulo 5 aborda o conceito de envolvimento na compra, os tipos de decisão do consumidor final e as principais tendências em comportamento de consumo.

1

Teorias sobre o comportamento do consumidor

Neste capítulo abordamos as principais teorias já formuladas sobre o comportamento do consumidor, reconhecendo sua cronologia e abrindo caminho para que se compreendam os fatores que têm influência no comportamento de compra.

Hawkins, Mothersbaugh e Best (2007:4) entendem o comportamento do consumidor como o "estudo de indivíduos, grupos ou organizações e o processo que usam para selecionar, obter, usar e dispor de produtos, serviços, experiências ou ideias, para satisfazer necessidades e desejos, e o impacto que esses processos têm sobre o consumidor e a sociedade". Dessa maneira, seu âmbito são os processos cognitivos, motivacionais e emocionais que antecedem e sucedem a obtenção, o consumo e a disposição de bens tangíveis e intangíveis, produtos, serviços ou ofertas que conjugam, em maior ou menor grau, materialidade com imaterialidade.

Além disso, de acordo com a definição dos referidos autores, é considerada nos processos de compra toda a gama de impactos sociais e ambientais dos fenômenos de consumo em seu sentido mais amplo, dada a relevância do tema da responsabilidade social e ambiental para as práticas de marketing e a gestão empresarial como um todo. Tendo em conta a importância da agenda ambiental nos dias de hoje, seria miopia não incluí-la nessa discussão sobre consumo.

Interdisciplinaridade no estudo do comportamento do consumidor

Dada a complexidade do tema, o comportamento do consumidor é, por excelência, uma área interdisciplinar que envolve conceitos e ferramentas metodológicas de diferentes áreas do conhecimento, como psicologia, economia, sociologia, antropologia cultural, semiótica, demografia e história. Ao longo do tempo e enquanto o marketing se firmava como disciplina organizada,[1] esses aportes conceituais foram se aglutinando e criando uma espécie de "tapete conceitual" para a formulação das teorias que veremos a seguir.

Mais do que nunca, o estudo do comportamento do consumidor é de fundamental importância para os profissionais de marketing, por permitir que compreendam a geração de valor para o consumidor, dado o seu propósito central de satisfação das necessidades e desejos dos clientes — foco das atividades de marketing. Além do mais, compreender essas necessidades e desejos ajuda o profissional de marketing a pensar o mercado segundo a ótica dos consumidores, evitando assim um viés comumente descrito na literatura de marketing como "miopia de marketing".[2] Deve-se desconfiar de um plano de marketing que

---

[1] Consta que a primeira vez em que o marketing constituiu objeto de estudo de uma disciplina formal no currículo de uma universidade foi em 1903, na Universidade da Filadélfia, nos Estados Unidos. Trata-se, portanto, de um campo relativamente recente como área do conhecimento, embora já haja uma série de correntes metodológicas e razoável acervo científico.

[2] Erro no planejamento de marketing que consiste em uma análise tendenciosa do mercado, ao se avaliá-lo pela perspectiva da empresa, não levando em consideração

não tenha um capítulo inicial descrevendo o comportamento do público-alvo a que a empresa pretende servir com seu produto ou serviço. Simplesmente não faz sentido definir uma série de características do produto, como apreçamento, distribuição e promoção, sem se saber muito bem com quem o relacionamento estará sendo construído. Seguindo lógica semelhante, os programas de graduação, especialização e mestrado em marketing costumam posicionar a disciplina "comportamento do consumidor" logo no início de suas matrizes curriculares, justamente para que os participantes do curso reconheçam o consumidor como referência básica para as demais decisões mercadológicas a serem tomadas.

Schiffman e Kanuk (2000) descrevem dois tipos básicos de consumidores: o *consumidor final*, também chamado de *consumidor pessoal* ou *usuário final*, e o *consumidor organizacional*. O consumidor final é representado pelas pessoas físicas que adquirem bens e serviços para uso próprio, para uso no lar ou para outras pessoas de seu círculo familiar ou de amizades. O consumidor final é cada um de nós, comprando a roupa que estamos vestindo, o MBA que estamos cursando ou o carro que dirigimos para levar nossos filhos à escola. Já o consumidor organizacional inclui organizações de todo tipo, com ou sem fins lucrativos, órgãos dos governos municipal, estadual e federal e instituições civis (organizações não governamentais) que necessitam comprar produtos, equipamentos e serviços, como insumos para suas operações, para servir de matéria-prima para os processos industriais que conduzem ou mesmo para revenda, como é o caso das operações de atacado e varejo. Dadas suas características diversas no que tange a grau de for-

---

as características psicológicas, comportamentais, sociais e culturais dos consumidores aos quais o produto se destina. Ver Levitt, 1985.

malidade das decisões, escala, estrutura de mercado e outros fatores importantes, esses dois tipos de consumidores serão avaliados separadamente nos próximos capítulos. Isso não quer dizer que o marketing seja diferente para o mercado final e para o mercado organizacional. A filosofia é a mesma, mas a abordagem gerencial tem uma série de especificidades.

As principais abordagens teóricas

As principais abordagens teóricas empregadas no estudo do comportamento do consumidor evoluíram desde a teoria da racionalidade econômica até a teoria cognitivista. Apesar de essas teorias terem surgido em momentos diferentes, escalonadas no tempo conforme a ordem de apresentação neste capítulo, não se pode afirmar que determinada teoria tenha substituído as anteriores. O que se observa é uma convivência de teorias diferentes, cada uma explicando determinados aspectos da relação entre os consumidores e os bens e serviços que estes compram. Com frequência, o que motiva a criação de uma teoria nova é exatamente o fato de as anteriores não conseguirem explicar certo aspecto revelado em tempos mais recentes. As teorias se sucedem para completar a visão que temos dos processos em foco e para explicar novos fatores que surgem em função da dinâmica do planeta, propiciando aos que as estudam uma visão mais precisa e multidimensional. Neste capítulo, apresentamos as teorias da racionalidade econômica, comportamental, psicanalítica, sociais e antropológicas e cognitivista.

Teoria da racionalidade econômica

De uma perspectiva histórica, as pesquisas sobre o comportamento do consumidor foram primeiramente empreendidas pela microeconomia por volta do início do século XX, mais precisamente pela chamada teoria do consumidor, posto que sua área de interesse está circunscrita à avaliação das interações entre consumidores e produtores em um determinado mercado.

O eixo central dessa teoria baseia-se em uma visão do consumidor que se apoia na racionalidade econômica. Segundo ela, o comportamento do consumidor obedece a um padrão egoísta e maximizador, sendo suas escolhas de consumo pautadas pela busca do maior benefício (prazer ou satisfação) ao menor custo possível (desconforto ou sofrimento). As curvas de demanda, tão recorrentes no estudo da microeconomia, refletem esse comportamento de consumo, confrontado com o comportamento dos vendedores, que se expressa nas curvas de oferta. A figura 1 ilustra o comportamento relativo de ambas as curvas. Por ser uma abordagem teórica calcada no utilitarismo psicológico, o comportamento de consumo tem por horizonte a maximização da utilidade, isto é, os esforços de escolha de um consumidor sempre teriam como base a maximização dos graus de satisfação psicológica e prazer obtidos a partir do uso dos produtos e serviços adquiridos.

Figura 1
Curvas de oferta e de demanda

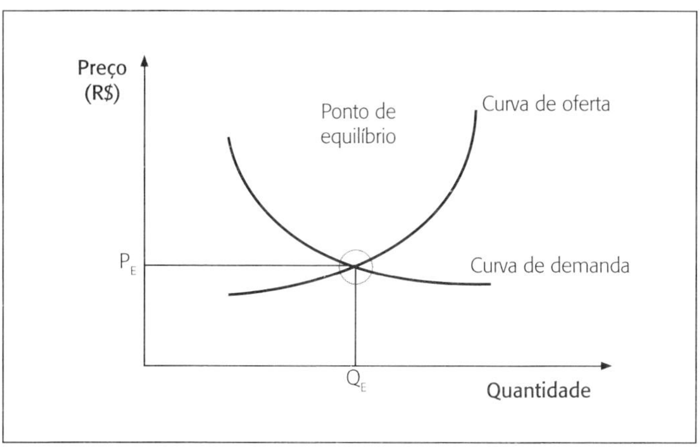

No entanto, o uso contínuo de um bem — seja este um produto ou serviço — leva a um decréscimo da percepção de utilidade por parte do consumidor, ou seja, o grau de satisfação psicológica decresce à medida que quantidades adicionais desse bem vão sendo consumidas. Tal decréscimo de prazer decorrente do uso constante dos bens é denominado *taxa de utilidade marginal*, que explica a sensação de retorno decrescente que o consumidor experimenta após o uso prolongado de quantidades significativas de determinado produto. Um exemplo clássico é o da pessoa perdida no deserto há dois dias, sem beber água, quase morrendo desidratada. Se chega alguém com um copo d'água por R$ 200, o pobre moribundo paga a soma cobrada num piscar de olhos. Um segundo copo d'água, por outros R$ 200 também é bem-vindo. Afinal de contas, são dois dias no deserto. Mas o que você, leitor, teria a dizer de um quinto copo d'água aos mesmos R$ 200? Ou de um décimo terceiro? Podemos afirmar que a disposição de pagar por um produto já fartamente consumido decresce com o tempo, a não ser que se trate de uma situação de dependência química, quando a compulsão pelo uso da droga parece não ter limites.

Por mais que as contribuições da teoria da racionalidade econômica tenham sido relevantes ao longo da história, esta apresenta limitações. É uma abordagem centrada nos efeitos que o consumo de um bem produz no consumidor, mas não permite uma compreensão mais aprofundada dos processos psicológicos que permeiam o comportamento de compra. Simplesmente não entra nesse mérito. Por pertencer à dimensão subjetiva, a percepção de utilidade do consumidor é de difícil quantificação. Como mensurar a felicidade humana? Como traduzir em números a experiência de satisfação e prazer do consumidor com a aquisição de um produto? Boa parte do que move os consumidores é emocional, e a microeconomia simplesmente não trata desses conceitos, precisando da ajuda e do aporte conceitual de outras ciências. Por fim, a teoria da racionalidade econômica não leva em consideração as diferenças individuais, sociais e culturais que permeiam o comportamento de consumo.

Apesar de suas limitações, a teoria da racionalidade econômica levanta uma série de questões importantes para a compreensão do fenômeno de compra, especialmente no que diz respeito ao uso de estímulos de marketing com o objetivo de influenciar o comportamento de compra dos consumidores.

Teoria comportamental

Como a teoria da racionalidade econômica não permite uma compreensão mais a fundo do que acontece na mente do consumidor, a psicologia surge como uma alternativa para a compreensão dos fatores cognitivos, motivacionais e emocionais envolvidos nos processos de escolha e de decisão de compra. Foi da psicologia que, por volta da década de 1930, se originaram outras três perspectivas teóricas: a comportamental, a psicanalítica e a cognitivista. Mais adiante, ainda neste capítulo, detalharemos as teorias psicanalítica e cognitivista.

A teoria comportamental baseia-se no chamado behaviorismo clássico — comportamentalismo, ou ainda comportamentismo —, corrente da psicologia que propõe uma abordagem puramente objetiva e experimental das ciências naturais. A finalidade da psicologia seria, então, prever e controlar o comportamento dos indivíduos. A proposta de John B. Watson, um dos criadores do behaviorismo, era abandonar, pelo menos provisoriamente, o estudo dos processos mentais, como pensamento ou sentimentos, mudando o foco da psicologia, até então mentalista, para o comportamento observável. Para Watson, a pesquisa dos processos mentais era pouco produtiva, de modo que seria conveniente concentrar-se no que era observável: o comportamento. Entendendo-se comportamento como qualquer mudança observada em um organismo que fosse consequência de algum estímulo ambiental anterior, especialmente alterações nos sistemas glandular e motor.

O behaviorismo clássico partia do princípio de que o comportamento era modelado pelo paradigma pavloviano de estímulo e resposta conhecido como condicionamento clássico. Em outras palavras, para o behaviorista clássico, um comportamento é sempre uma resposta a um estímulo específico. Vale notar, porém, que Watson em momento algum nega a existência de processos mentais. Para ele, o problema no uso desses conceitos não estava tanto no conceito em si, mas na inviabilidade de, à época, analisar os processos mentais de maneira objetiva. De fato, Watson não argumentou que os processos mentais não existiam, apenas propôs que seu estudo fosse abandonado, mesmo que provisoriamente, em favor do estudo do comportamento observável. Como, segundo sua visão, os processos mentais deviam ser ignorados por uma questão de método (e não porque não existissem), o comportamentismo clássico também ficou conhecido pela alcunha de *behaviorismo metodológico*.

Watson era um defensor da importância do meio na construção e desenvolvimento do indivíduo. Acreditava que todo comportamento era consequência da influência do meio, a ponto de afirmar que, se colocássemos algumas crianças recém-nascidas, aleatoriamente selecionadas, em um ambiente totalmente controlado, seria possível determinar a profissão e o caráter de cada uma delas.

Ancorada no trabalho de Watson, a teoria comportamental enfatiza o comportamento e suas relações com o meio ambiente do indivíduo. O consumo, um tipo de comportamento, é um conjunto de reações fisiológicas e comportamentais observáveis, geradas por estímulos localizados no meio ambiente. Dessa forma, para influenciar o comportamento de compra deve-se partir do estudo sistemático dos estímulos presentes no ambiente de consumo que levam o consumidor a produzir reações positivas (aproximação, simpatia) ou negativas (afastamento, antipatia) em relação aos produtos disponíveis.

Portanto, a teoria comportamental salienta o papel da aprendizagem e a influência do ambiente no processo de compra, a partir do uso de estímulos de marketing que maximizem a intenção de compra. Além disso, a visão comportamental é uma importante fornecedora de métodos e técnicas na pesquisa do comportamento do consumidor.

Todavia, por enfatizar o papel dos fatores ambientais, esse enfoque teórico também não lança muita luz no que se passa na mente do consumidor, ou seja, no que acontece internamente no indivíduo no intervalo entre a apresentação do estímulo de marketing e a consecução ou não do comportamento de compra. Essa supervalorização do papel do meio ambiente na compra levou ao uso de outras teorias psicológicas que considerassem o que ocorre na mente do consumidor.

Teoria psicanalítica

Outra teoria utilizada para compreender a dinâmica psicológica do consumo é a psicanálise, criada pelo neurologista austríaco Sigmund Freud (1856-1939) no final do século XIX e início do XX. A ampla difusão dessa teoria na cultura contemporânea fez com que fosse considerada uma abordagem importante para o estudo dos processos psicológicos inerentes ao consumo, cobrindo o que se diz acontecer "dentro" do consumidor no momento da compra. Para Freud, a mente humana é caracterizada pela divisão em uma esfera consciente e uma inconsciente, esta última exercendo forte influência sobre a primeira. A teoria psicanalítica afirma que os comportamentos expressos na consciência são uma expressão distorcida de desejos recalcados que se localizam no inconsciente. O significado de um comportamento ou de uma atitude não deve ser buscado no plano consciente, mas nos motivos ocultos situados no plano do inconsciente.

Nessa abordagem, o consumo é a expressão de desejos inconscientes, posto que o indivíduo projeta nos produtos seus desejos, expectativas, angústias e conflitos. O consumo é, então, uma tentativa de dar vazão a esses desejos, que encontram uma satisfação parcial ao se vincular a produtos que mantêm com eles uma relação de similaridade. Dessa forma, a teoria psicanalítica chama a atenção não só para os motivos inconscientes da compra, mas também para o seu caráter expressivo, uma vez que os consumidores projetam seus desejos nos produtos ofertados. A escolha dos produtos dá-se, então, a partir da sua capacidade de satisfazer, mesmo que parcial e temporariamente, aos impulsos inconscientes. Com base nesse raciocínio, cabe aos profissionais de marketing criar estratégias que ressaltem características dos produtos que despertem o desejo inconsciente dos consumidores.

A técnica de atrelar conceitos e imagens aos produtos com o intuito de acentuar a intenção de compra deve muito à compreensão da mente humana permitida pela psicanálise. A busca da felicidade, da beleza, do corpo ideal, do *status* e da aceitação social por parte dos outros, que está presente em muitas estratégias de marketing da atualidade, deve muito à psicanálise, fazendo com que esta seja utilizada quando se pretende mergulhar na mente dos consumidores.

Outra contribuição de Freud ao estudo do comportamento do consumidor são os conceitos de id, ego e superego, fortemente associados à discussão das atividades cognitivas acionadas pelas necessidades. Segundo Bayton (1993), as discussões acerca dos conceitos de id, ego e superego situam-se normalmente no âmbito da motivação, como um aspecto da personalidade. Acredita-se que a motivação e suas decorrências devam ser mantidas sistematicamente claras. Em seu sentido mais amplo, id, ego e superego são entidades mentais, pois envolvem memória, percepção, julgamento e pensamento.

Enquanto o id concentra todos os nossos impulsos mais animais e mais antissociais, o superego encontra-se no extremo oposto, sendo o depósito de todas as censuras que vivemos ao longo da vida. O id representa um movimento de expansão, e o superego, um movimento de contração. O ego, por sua vez, é o "executivo" que determina como o indivíduo irá procurar a satisfação de suas necessidades. Por meio da percepção, da memória, do julgamento e do pensamento, o ego tenta integrar, de um lado, as necessidades, e, de outro, as condições do mundo exterior, de tal modo que as necessidades possam ser satisfeitas sem perigo ou dano para o indivíduo. Frequentemente, isso significa que a gratificação deve ser protelada até que se crie ou se apresente uma situação que não envolva danos ou riscos. Por exemplo, encontra-se sob a influência do ego aquele que dirige em uma estrada com pedágio e que não ultrapassa a velocidade porque as placas de sinalização lhe dizem que há radares controlando a velocidade. Da mesma forma, também está sob essa influência o motorista que passa por um trecho sem carros ou radares e aproveita a oportunidade para dirigir com excesso de velocidade.

O superego envolve o ideal de ego e a consciência. O ego ideal representa os padrões positivos de moral e ética que o indivíduo criou para si mesmo. A consciência é, em certo sentido, o "juiz" que avalia o caráter ético e moral do comportamento e, por meio dos sentimentos de culpa, pune a violação dos padrões. Se um motorista obedece ao limite de velocidade da estrada porque se sentiria culpado se não o fizesse, se encontra sob a influência do superego. O primeiro tipo de motorista citado no parágrafo anterior é influenciado pelo ego, pois evita a multa e não o sentimento de culpa. Vejamos agora alguns exemplos mais específicos.

O sistema de crediário é uma forma de comportamento econômico até certo ponto baseada nas considerações sobre ego e superego. A opinião geral é que uma das causas da expansão do crédito ao consumidor foi uma mudança no papel do superego nas atitudes relacionadas ao crédito. No passado, o ego ideal era fazer poupança, sendo as dívidas consideradas imorais, algo que suscitava culpa, algo a ser evitado, oculto. Essas duas influências do superego restringiam a utilização do crédito. Hoje, por alguma razão de ordem cultural, o crédito e o débito afastaram-se do domínio do superego, passando ao controle do ego — a principal preocupação parece estar no quanto se pode utilizar do crédito sem se correr risco financeiro.

A compra de determinados produtos de consumo pode ser considerada a partir dessas duas influências. A aquisição de certos produtos ou serviços (talvez gêneros de primeira necessidade ou atendimento médico) recebe muito pouca influência do superego, estando o indivíduo psicologicamente livre para tentar aumentar a chance de satisfação de suas necessidades, enquanto diminui a probabilidade de danos por agir assim. Outros produtos, porém, requerem a influência do superego. Quando um produto representa um aspecto do ego ideal, existe uma grande força positiva para a sua posse. Por outro lado, quando um produto envolve a violação da consciência, uma grande força negativa é gerada contra a sua aquisição. O mesmo vale para os serviços. Despesas com salão de beleza ou com ingressos de ópera podem fazer surgir conflitos internos, devidos à ação e à presença das forças do superego.

Suponhamos que, ao surgir uma necessidade, o indivíduo tome consciência de um certo número de objetos como possíveis fontes de gratificação. No caso do comportamento do consumidor, esses objetos desejados podem ser diferentes marcas de produto ou modalidades de serviço. O fato de se ter consciência de determinado conjunto de objetos indica o caráter abrangente desse estágio do processo cognitivo — uma classe de bens é vista como algo que possivelmente satisfará necessidades. O que a classe de objetos específicos "promete" em termos de gratificação é conhecido como expectativas.

Existem, então, dois tipos de expectativas: as genéricas e as específicas. Suponhamos que um indivíduo tenha necessidades que o levem a pensar em marcas de suco de laranja congelado. Algumas das expectativas genéricas para esse tipo de suco são sabor específico, qualidade, fonte de vitamina C e fácil preparo. Cada marca apresenta expectativas especificamente associadas a ela, em comparação com as demais. Por exemplo, a expectativa pode ser de que a marca A tenha um sabor mais refrescante que a marca B.

Em muitos casos, a concorrência cognitiva ocorre primeiro entre duas ou mais categorias genéricas, e só depois entre dois objetos de uma mesma categoria genérica. Grande parte da pesquisa de comportamento do consumidor está direcionada para categorias genéricas, como pneus, automóveis, aparelhos elétricos etc. Contudo, talvez não se tenha dispensado a devida atenção à análise psicológica da concorrência cognitiva entre categorias genéricas. Um exemplo disso é o estudo da concorrência entre a audiência de TV, a frequência a cinemas e a leitura de revistas. Para determinado fabricante, a concorrência cognitiva dentro de uma categoria genérica é normalmente objeto de maior preocupação do que a concorrência cognitiva entre a categoria de seu produto e outras categorias. Aqueles que produzem, na maioria das vezes, desejam apenas uma análise intensiva dos aspectos psicológicos do consumo no que tange à categoria genérica na qual estão incluídos os seus próprios produtos.

Bayton (1993) propõe que suponhamos que, ao surgir uma necessidade, se tenha tomado consciência de quatro objetos alternativos (marcas A, B, C e D). Por que essas marcas em particular e não outras? Por que as marcas E e F não foram incluídas? Uma razão óbvia para a ausência da marca E pode estar no fato de o indivíduo nunca ter sido exposto a ela. Entretanto, vamos supor que ele saiba da existência da marca F. Por que esta última teria sido então excluída? Pode-se tratar aqui de um caso de memória — um importante processo cognitivo. Os fabricantes das marcas E e F deparam-se, evidentemente, com problemas diferentes.

Dois tipos de situação apresentam as variáveis independentes que determinam se um dado item será ou não lembrado. O primeiro refere-se à natureza da experiência que resulta do consumo real do objeto ou da utilização do serviço, o que discutiremos mais adiante, quando abordarmos a teoria do reforço na aprendizagem. O segundo tipo de circunstância é o que se pode chamar de exposições indiretas ao objeto — indiretas porque, quando da exposição, o consumo real ou utilização de fato não ocorre. O melhor exemplo disso seria um anúncio do objeto ou do evento. Naturalmente, a principal finalidade de um anúncio é expor o indivíduo ao que está acontecendo, ao objeto, de modo que, subsequentemente, o objeto seja lembrado de imediato. Um esforço contínuo na pesquisa sobre o comportamento do consumidor é a busca de métodos mais eficazes de memorização, através da manipulação dos aspectos físicos do anúncio e dos apelos nele empregados. Por fim, para muitos consumidores, esses dois tipos de circunstâncias funcionarão em conjunto, podendo as experiências com o objeto e as subsequentes exposições indiretas contribuirem para aumentar o potencial de memória desses consumidores.

Teorias sociais e antropológicas

Segundo Winick (1999), a lentidão dos antropólogos, sociólogos e profissionais de marketing em associar seus trabalhos é surpreendente. Os antropólogos têm atuado como gestores em situações que requerem uma sensibilidade especial para culturas estrangeiras. Alguns profissionais dessas áreas também desenvolveram procedimentos para treinamento em vendas que envolvem a análise do grau de contato de vendedores com clientes potenciais, índice este obtido por meio da mensuração da interação dos interlocutores durante uma conversação. Outra situação industrial específica em que os antropólogos têm participação é quando aplicam seus conhecimentos de antropometria (mensuração do corpo) no projeto de produtos, como cadeiras e puxadores.

A antropologia é normalmente definida como o estudo do homem. Essa é uma definição tão abrangente que o campo da antropologia em geral é dividido em quatro subcampos: arqueologia, antropologia cultural, linguística e antropologia física.

Quando se aplica a antropologia ao marketing, comumente é a antropologia cultural que tem relevância. Esta tem como tarefa examinar todos os comportamentos adquiridos do homem, incluindo os sociais, linguísticos, técnicos e familiares. Sua abordagem inicial é o estudo das culturas primitivas, e suas análises comparativas documentam as diferentes maneiras com que as culturas solucionaram e ainda solucionam seus problemas de vida. A antropologia cultural tem muito em comum com a psicologia e a sociologia. As três se ocupam do estudo do homem inserido em seu meio cultural, mas diferem ao darem ênfase a diferentes elementos do relacionamento de uma pessoa com seu ambiente. Pode-se dizer que todo comportamento é, essencialmente, uma função das inter-relações de personalidade, sistema social e cultura. Simplificando ao máximo, pode-se dizer que a psicologia ocupa-se da personalidade, a sociologia volta-se para o sistema social e a antropologia explora a cultura. O campo interdisciplinar da psicologia social pode influenciar todos esses três campos, e já existem textos de psicologia social integrada que o fazem.

Pode-se obter um enfoque mais preciso das diferenças entre essas três ciências sociais levantando-se o ponto de vista de cada uma delas em relação à família, por exemplo. O psicólogo estaria interessado no ajustamento pessoal e na saúde emocional de cada membro da família. Ele analisaria as atitudes de cada um, as percepções mútuas e os sistemas motivacionais. O contentamento ou não dos membros da família também seria de seu interesse. O sociólogo estaria basicamente preocupado com as dimensões do papel e do *status* dentro da família e com o número de diferentes tipos de família. Estudaria como a estrutura social gerou diversos arranjos internos que possibilitaram a existência da família. Estaria interessado nas normas de comportamento, assim como nos esforços e tensões ocasionados pelos desvios da norma, resultantes do conflito de papéis. O sociólogo estudaria a integração à classe social e a ocorrência dos diversos tipos de comportamento, como a taxa de natalidade, por exemplo. O antropólogo cultural, por sua vez, examinaria o nível tecnológico atingido pela cultura e as inter-relações desta com a tecnologia. Esse estudioso analisaria como se transmite a herança de propriedade, como o parentesco é reconhecido e descrito e como os cônjuges se conheceram. Ele estudaria também os aspectos relativos à alimentação e à habitação da família. Estaria interessado na língua e nos dialetos, e procuraria saber quem fala com quem. Ele se preocuparia com a maneira pela qual a idade dos diferentes membros da família influenciaria seu comportamento, com as tendências à doença. Estudaria como a cultura "desgastou" a unidade familiar. O antropólogo, portanto, não dispõe de informações que não poderiam ser obtidas pelo sociólogo ou pelo psicólogo; o que o diferencia desses dois outros profissionais é uma sensibilidade especial para certas facetas da vida social.

O antropólogo é especialmente treinado para ter empatia com grupos diferentes do seu próprio e para sintonizar com seus padrões culturais. Como seu treinamento o põe em contato com uma grande variedade de culturas, o antropólogo pode ter uma visão global da situação e considerá-la dentro de um contexto mais abrangente. O treinamento que o antropólogo recebe torna-o sensível às diferenças culturais conflitantes e divergentes, pois sua atenção está voltada para a identificação dessas diferenças, que podem ser de extrema importância em situações de várias naturezas.

Já os sociólogos atentam para o fato de uma sociedade ser uma coletividade organizada na qual as pessoas interagem dentro de um sistema de posições e papéis. Isso quer dizer que as sociedades são estratificadas, ocorrendo, de acordo com a complexidade da sociedade, uma diversificação mais ou menos complexa das posições e papéis de cada indivíduo. Essa diversificação é a classe social, fortemente correlacionada com os padrões de consumo (Gade, 1980).

Classe social é uma divisão da sociedade, e se caracteriza por ser composta por indivíduos relativamente homogêneos, com características sociais comuns, o que permite relações entre eles e restringe as relações com outros indivíduos pertencentes a diferentes classes sociais. A estratificação pode ser vista em termos de família e de grupo, pois nos dois casos os membros têm diferentes *status*, prestígio e desempenho de papéis. A classe social pode ser vista como divisões relativamente permanentes e homogêneas da sociedade que permitem uma comparação de indivíduos e grupos com outros indivíduos e grupos dessa sociedade. Na teoria, as classes sociais são colocadas como divisões discretas da sociedade; na prática, apresentam uma variável contínua, principalmente nas sociedades em que a mobilidade — a possibilidade de o indivíduo ascender ou descender — existe, como ocorre em quase todas as sociedades atuais.

Os indivíduos pertencentes a determinada classe social tendem a apresentar comportamento semelhante em relação às classes percebidas como inferiores ou superiores, e estas, por sua vez, também agem assim. Além disso, apresentam similaridade quanto a traços de personalidade, valores e atitudes, linguagem e pensamento, bem como a atividades a que se dedicam. Isso é fundamental para o analista do consumidor, pois faz com que o indivíduo pertencente a determinada classe social tenda a comprar os mesmos produtos, nas mesmas lojas. Seu raciocínio em termos de processo decisório e seu comportamento ao comprar as coisas de que necessita para sobreviver, e mesmo as supérfluas, são semelhantes. Come, veste e habita de modo semelhante.

Seria tentador ver essa variável contínua e, com base nela, classificar as classes sociais em função de um único fator, como, por exemplo, força física, no caso de uma sociedade primitiva, ou dinheiro, no da atual. Sabemos, porém, que um sem-número de variáveis fundamentam a estratificação social e formam um agrupamento particular para um dado momento histórico, uma dada sociedade, um dado grupo, enfim, para aquela classe social aqui e agora sujeita a uma total modificação em um certo espaço de tempo, o que nos faz afirmar que as classes sociais são multidimensionais.

O *status*, a posição que o indivíduo ocupa em seu grupo ou subgrupo, pode ser visto utilizando-se determinantes, como a *ocupação*, que, por exemplo, na maior parte das sociedades, indica o mágico como uma pessoa de muito prestígio; o *desempenho pessoal*, que pode ser avaliado em relação tanto a ganhos quanto à confiança na qualidade do trabalho executado; a *interação*, que permite ao sociólogo classificar o indivíduo com base no "dize-me com quem andas". Os *valores ou crenças manifestados* são também determinantes da classe social e, finalmente, as *posses*, que cada vez mais simbolizam classe e *status*. O que o indivíduo escolhe e como usa as coisas que possui refletem sua classe social e são do maior interesse para o analista de consumo. Pelo mesmo preço, um indivíduo pode escolher e instalar um assoalho inteiramente plastificado em toda a casa, acarpetar tudo ou ainda se decidir por um tapete persa antigo. A propriedade mais determinante em termos dessa análise é o tipo de residência e sua localização, sua decoração e o uso dos ambientes.

Outros itens de consumo a serem analisados são o tipo de educação que o indivíduo escolhe, o tipo de lazer, o tipo de poupança, ou o que se convencionou chamar de estilo de vida. O estilo de vida de uma família dá-se em função de sua renda e de como essa renda é gasta. A baixa renda não só é sinônimo de pobreza, como essa classe compra produtos diferentes em locais diferentes a um preço diferente, com a consequente acentuação de um estilo pobre de vida. Quanto mais baixa for a classe social e sua renda, mais as compras serão feitas a crédito, menos os consumidores compararão preços e qualidade e, no caso de o fazerem, geralmente lhes faltarão habilidade e conhecimento para julgar e diferenciar, assim como terão pouco ou nenhum conhecimento de seus direitos legais. Além disso, os padrões de consumo obedecem a motivações como busca de *status* e escapismo. Vale lembrar: uma renda maior reduz a proporção gasta com alimentação, uma renda baixa aumenta a proporção gasta com supérfluos. O pobre frequentemente sacrifica necessidades básicas, numa procura escapista de realidade.

Esse comportamento escapista, na verdade encontrado em várias camadas sociais, representa o consumo de artigos simbólicos de ascensão e sucesso compensatório da não realização em outras áreas. O indivíduo pode não ser um executivo bem-sucedido, mas pode comprar uma pasta igual à que ele usa, beber o *whisky* que ele bebe, comprar o carro que ele possui. Se não idêntico, parecido; se não à vista, a crédito; mas pode, por meio do consumo, aplacar a sensação de fracasso, de não poder consumir. Aqui a crítica que se faz é à utilização do consumo de artigos para escapar de uma realidade desagradável ou intolerável. Trata-se da redução da ansiedade por meio da compra, da aquisição material, que invariavelmente resulta na alienação daquilo que não se pode comprar.

As teorias sociais e antropológicas enfocam o consumo como um processo social, isto é, sua dinâmica deve ser pensada a partir de uma avaliação crítica que ressalte seus condicionantes históricos, sociais e culturais, sendo posta em uma perspectiva histórica, apontando para as variações dos padrões de consumo. Basicamente, essas teorias dividem-se em duas grandes vertentes: uma de inspiração marxista e outra que se inspira em pesquisas sobre os hábitos de consumo nas sociedades contemporâneas.

As abordagens sociais e antropológicas proporcionam ao profissional de marketing uma compreensão mais aprofundada da dinâmica social e cultural que rege os processos de consumo. O consumidor contemporâneo, cada vez mais exigente e consciente de seus direitos, seria o resultado de um longo processo histórico de convergência dos valores, outrora antagônicos, utilitários e hedonistas.[3] Dessa forma, o consumo é um processo cuja significação social está em proporcionar uma referência para a construção da identidade social dos indivíduos, posto que a posse dos produtos define a posição social do consumidor, tanto em relação aos seus pares quanto em relação à sociedade

[3] Ver Campbell, 2001. Uma análise da convergência de tais tendências na contemporaneidade encontra-se em Brooks (2000), tendo como pano de fundo a sociedade norte-americana dos anos 1990.

como um todo (Bourdieu, 1984; Campbell, 2001; Featherstone, 1995). Para o profissional de marketing, é fundamental perceber que o consumo não é um ato meramente individual e racional, mas também um processo essencialmente social que possibilita o posicionamento do indivíduo em relação ao seu contexto social e cultural.

Teoria cognitivista

Atualmente, é a teoria mais empregada pelos pesquisadores do comportamento do consumidor por integrar produto, consumidor e ambiente a partir de uma visão do consumo como processo de tomada de decisão (Engel, Blackwell e Miniard, 2000; Karsaklian, 2000; Schiffman e Kanuk, 2000; Solomon, 2002). Sua inspiração encontra-se nas pesquisas da psicologia cognitiva norte-americana dos anos 1950 e 1960, que levam a entender o consumo como resultante do processamento de informações oriundas do sujeito, da cultura e do meio ambiente.

Pensar o comportamento de consumo como um processo de tomada de decisão implica ver o consumidor como alguém que opta por diferentes produtos, tendo por pano de fundo diferentes fatores, como: a influência de processos cognitivos, como a percepção, a motivação, a aprendizagem, a memória, as atitudes, os valores e a personalidade; fatores socioculturais, como a influência dos grupos sociais, da família, da cultura e de classes sociais; e o impacto dos fatores situacionais, entendidos como o conjunto de influências localizadas no meio ambiente quando das decisões de compra do indivíduo.

Para os cognitivistas, as decisões de compra são variadas, mas podem ser classificadas a partir de variáveis como o tipo de produto, a motivação do consumidor, a frequência da compra, a busca e o processamento da informação, a percepção de valor do bem, a comparação entre as diferentes alternativas decisórias por parte do consumidor, além, é claro, das influências situacionais.

Por proporcionar uma compreensão mais abrangente tanto dos diferentes tipos de decisões de compra quanto da natureza da própria dinâmica do processo decisório, a teoria cognitivista é, atualmente, a mais adotada não só pela literatura da área, mas também pelos profissionais de marketing. Por sua característica integradora, ela procura levar em consideração diferentes aspectos levantados pelas abordagens anteriores, promovendo uma compreensão mais equilibrada dos diferentes fatores envolvidos nos processos de decisão de compra dos consumidores.

Após essa visão panorâmica das principais teorias que explicam o comportamento do consumidor, cada uma delas revelando ângulos diferentes desse nosso objeto de estudo, passaremos ao capítulo 2, em que analisaremos os principais fatores que influenciam esse comportamento.

2

Fatores que influenciam o processo de compra

O estudo do comportamento do consumidor é de fundamental importância para os profissionais de marketing, posto que a criação de estratégias eficazes de marketing deve levar em consideração as características individuais, socioculturais, situacionais e demográficas que interferem no momento da compra. Saber quem é o consumidor, o que ele pensa, em que ele acredita, quais os seus julgamentos acerca de si mesmo e dos outros, qual sua posição na escala social, sua idade, renda, estilo de vida e como reage aos estímulos presentes no momento da compra é indispensável na busca incessante de compreendê-lo. É preciso sempre lembrar que o objetivo do marketing não se resume apenas à venda do produto em si, mas se estende ao atendimento das necessidades e desejos dos consumidores, gerando-lhes valor e satisfação, conciliados ao atingimento dos objetivos da empresa.

É imprescindível que o consumidor final, aqui definido como um tomador de decisão, não seja visto isoladamente: ele sofre a influência de uma série de fatores que podem se tornar decisivos nos estágios cruciais da compra. A compreensão desses fatores que influenciam o comportamento de compra não só possibilita uma visão mais a fundo da dinâmica da compra, mas também abre um leque de intervenções possíveis relativas ao uso de estímulos de marketing que busquem gerar bons resultados a partir do comportamento de compra, criando valor para o cliente e produzindo satisfação com o produto/serviço e, consequentemente, um envolvimento maior do consumidor com a compra.

Os fatores que influenciam o comportamento de compra podem ser agrupados em quatro níveis: fatores psicológicos, socioculturais, situacionais e demográficos.

Fatores psicológicos

Dizem respeito ao conjunto das funções cognitivas (pensamentos), conativas (comportamento) e afetivas (sentimentos) no processo da compra, envolvendo o estudo da percepção, da aprendizagem, da memória, das atitudes, dos valores, das crenças, da motivação, da personalidade e dos estilos de vida dos consumidores. Nesse primeiro nível, o consumidor é visto de maneira isolada, tomando decisões que têm sempre por base suas características psicológicas.

Percepção

Em psicologia, neurociência e ciências sociais, *percepção* é a função cerebral que atribui significado a estímulos sensoriais, partindo de um histórico de vivências passadas. Através da percepção, um indivíduo organiza e interpreta suas impressões sensoriais para atribuir significado ao seu meio. Consiste na aquisição, interpretação, seleção e organização das informações obtidas pelos sentidos. A percepção pode ser estudada do ponto de vista estritamente biológico ou fisiológico, envolvendo estímulos elétricos evocados por estímulos nos órgãos dos sentidos. Do ponto de vista psicológico ou cognitivo, a percepção envolve também os processos mentais, a memória e outros aspectos que podem influenciar na interpretação dos dados percebidos.

A percepção e seu efeito no conhecimento e na aquisição de informações do mundo é objeto de estudo da filosofia do conhecimento ou epistemologia. Em geral, a percepção visual serviu de base a diversas teorias científicas ou filosóficas. Newton e Goethe estudaram a percepção de cores, e algumas escolas, como a *Gestalt*, surgida no século XIX, e escolas mais recentes, como a fenomenologia e o existencialismo, baseiam toda a sua teoria na percepção do mundo.

Sternberg e Grigorenko (2007) definem percepção como o conjunto de processos psicológicos pelos quais as pessoas reconhecem, organizam, sintetizam e conferem significação às sensações recebidas a partir dos estímulos ambientais captados pelos órgãos dos sentidos (visão, audição, paladar, tato e olfato). Longe de ser um processo de recepção passiva de estímulos, a percepção é um processo que conta com o ativo envolvimento do indivíduo, uma vez que seu resultado final é um significado. Dessa maneira, pode-se entender percepção como um processo psicológico de atribuição de significação aos estímulos sensoriais, direcionado tanto pelo sistema de crenças e valores do indivíduo quanto por sua codificação, dada pela cultura e pelo contexto situacional.

Sendo a percepção a interface privilegiada na qual os seres humanos entram em contato com o mundo, o profissional de marketing deve conhecer detalhadamente que estímulos presentes no ambiente interferem no comportamento de compra, com o objetivo de influenciar o processo de tomada de decisão dos consumidores. A habilidade de mapear os estímulos sensoriais é de fundamental importância no processo de despertar a necessidade e a motivação da compra.

Chamar a atenção para o seu produto é crucial na batalha pela mente do consumidor. Todos os dias somos bombardeados por um sem-número de estímulos de marketing que nos chegam pelos mais variados canais sensoriais (visual, auditivo, gustativo, olfativo e tátil). A percepção humana dispõe de alguns dispositivos que permitem selecionar informações com base em critérios de relevância e de interesse, os chamados *filtros perceptivos*. Alguns dos filtros mais importantes são a atenção seletiva, a distorção seletiva e a retenção seletiva.

- *Atenção seletiva:* diz respeito à capacidade que os seres humanos têm de selecionar as informações que lhes são submetidas. Os estímulos de marketing devem ser capazes de mobilizar a atenção do consumidor, reduzindo as chances de serem descartados do foco da consciência. Uma das técnicas mais utilizadas visa estabelecer contraste com os concorrentes explorando características como formato, tamanho, cor e posição dos produtos, mediante a criação de embalagens e a concepção da atmosfera do ponto de venda, para tirar partido da intenção de compra.
- *Distorção seletiva:* é a tendência que os consumidores têm de interpretar as informações dando-lhes um significado pessoal, a partir de seu sistema de crenças e valores. Os indivíduos acomodam os estímulos sensoriais em percepções que façam sentido em sua visão de mundo, a fim de facilitar a classificação e a organização dos produtos disponíveis. A ingerência desse filtro deve ser levada em conta por ocasião dos esforços de construção da marca, posto que os estímulos de marketing devem se orientar no sentido da harmonização com as atitudes e as disposições mentais do consumidor.
- *Retenção seletiva:* os seres humanos são propensos a armazenar estímulos sensoriais que reforcem seu sistema de crenças e valores. Tal fator deve ser considerado quando

da introdução de um produto em países com diferentes características sociais e culturais. O profissional deve sempre lembrar que, sem cuidados prévios, muitos dos esforços de marketing tornam-se ineficazes por se apoiar em estímulos que colocam em risco as crenças dos consumidores. Um dos efeitos da apresentação de estímulos antagônicos é denominado *dissonância cognitiva*, um estado mental de desconforto e ansiedade produzido pela presença de opções de decisões excludentes e até contrastantes.

O uso de estímulos sensoriais como forma de despertar a atenção do consumidor e levá-lo a construir uma percepção do produto é uma das áreas que atualmente mais chama a atenção dos profissionais de marketing. O recurso a técnicas que levem em consideração os mais variados estímulos sensoriais situa a experiência da compra em dimensões nunca antes imaginadas, possibilitando a adição de características experienciais e interativas que permitem o envolvimento cada vez mais ativo e participativo do consumidor. Devemos estar abertos à exploração dessas novas técnicas de interferência na compra, dada a crescente complexidade das relações de consumo na sociedade atual, dos gostos e das preferências dos consumidores.

Motivação

Define-se *motivação* como o estado de tensão psicológica que antecede e prepara o indivíduo para a ação. A motivação ocorre, em geral, quando uma necessidade é despertada, seja por um impulso interno, seja por uma estimulação externa. Uma vez presente essa necessidade, o indivíduo empreende uma ação (comportamento) a fim de reduzir a tensão, orientando-a para um objetivo vinculado à necessidade inicial.

Fica claro o papel dos estímulos do marketing no despertar das necessidades dos consumidores, bem como na sua orientação para satisfazê-las por meio do consumo de produtos. Mas uma distinção se faz necessária: a existente entre os conceitos de necessidade e de desejo. As necessidades são carências, vazios, motivos básicos que podem ser de ordem fisiológica, psicológica, anímica ou até mesmo espiritual; enquanto os desejos são as formas moldadas pela sociedade para atender a tais necessidades. Dessa forma, contrariamente ao que pensam os críticos, o marketing cria desejos, mas não necessidades, já que estas últimas são o fundamento sobre o qual são construídos os primeiros.

As necessidades podem ser classificadas de várias maneiras. Uma delas divide as necessidades em *biogênicas* (inatas), *psicogênicas* (fruto da aprendizagem), *utilitárias* (enfatizam os atributos tangíveis e concretos dos objetos) e *hedônicas* (subjetivas e experienciais).

Na década de 1960, o psicólogo humanista norte-americano Abraham Maslow criou um modelo de hierarquia das necessidades, objetivando classificá-las em níveis crescentes de complexidade, desde as necessidades mais básicas (instintivas) até as de cunho social (aprendidas). Para Maslow, o ser humano sempre busca o crescimento psicológico, e, conforme os níveis inferiores da hierarquia vão sendo razoavelmente atendidos, a tendência é as necessidades localizadas nos patamares mais elevados ficarem mais prementes. No caso do não atendimento das necessidades inferiores, automaticamente os esforços motivacionais do indivíduo se concentram na redução da tensão localizada no patamar inferior.

A pesquisa motivacional é importante para que o profissional de marketing possa criar produtos que atendam às necessidades que não estão sendo supridas, tornando-se uma ferramenta estratégica de fundamental importância no diagnóstico de janelas de oportunidade para a oferta de novos bens e serviços. Cabe fazer um diagnóstico constante das necessidades e motivações dos consumidores, a fim de que se acompanhe seu grau de satisfação com o produto em referência, e se vislumbrem novas possibilidades de negócios.

Aprendizagem e memória

A *aprendizagem* é vista como uma mudança relativamente permanente no comportamento decorrente da experiência (Myers, 2002), por meio da reorganização de conceitos e representações mentais. O estudo da aprendizagem é fundamental para o profissional de marketing, considerando-se que o comportamento de compra é fruto da aprendizagem social, devendo ser destacadas as teorias comportamentais e cognitivas.

As teorias comportamentais da aprendizagem enfatizam o papel que os estímulos do meio ambiente desempenham na construção das condutas aprendidas. Uma das estratégias de aprendizagem é o uso da técnica do *condicionamento respondente*, que consiste em fortalecer as ligações entre um estímulo apresentado e uma resposta esperada, via repetição. Outra técnica muito utilizada em marketing é a *aprendizagem operante*, descrita pelo cientista do comportamento B. F. Skinner nas décadas de 1950 e 1960. Basicamente, o comportamento aprendido é consolidado por meio do uso de *reforçadores*, estímulos localizados no meio ambiente que têm a capacidade de interferir na frequência de aparecimento de um comportamento. Um *reforçador positivo* é um estímulo que aumenta a frequência de surgimento de um comportamento. Um produto que satisfaça às necessidades de um consumidor torna-se um reforçador positivo, levando ao aumento de sua intenção de compra. Já o *reforço negativo* ocorre quando uma resposta aprendida é gradualmente extinta a partir da eliminação de um estímulo. Um produto que porventura venha a desaparecer das prateleiras das lojas ou, então, cuja comunicação com o consumidor sofra uma diminuição tende a ser esquecido e substituído por um produto similar. Já a *punição* é um estímulo dado após a ocorrência do comportamento, que produz um efeito aversivo no indivíduo. A insatisfação do consumidor com determinado produto, após sua compra, gera um efeito de esquiva (fuga), levando-o a buscar substitutos que compensem o prejuízo sofrido.

As teorias cognitivas da aprendizagem enfatizam o papel dos processos mentais na produção de condutas adquiridas no decorrer da experiência. A interferência da *memória*, definida como o armazenamento das informações aprendidas pelo indivíduo, é de grande importância na consolidação dos conteúdos aprendidos.

A atuação conjunta da aprendizagem e da memória leva à consolidação de hábitos de consumo, sendo fundamental para a compreensão dos processos de lealdade e de envolvimento dos consumidores com os produtos. O profissional de marketing deve estar preparado para tirar partido desses conceitos, a fim de aumentar a intenção de compra dos consumidores, fortalecer o relacionamento com os clientes, levar à fidelidade com a marca, bem como incentivar o hábito de compra a partir do uso de reforçadores. Os programas de fidelização das companhias aéreas são um exemplo de uso dos recursos da aprendizagem e da memória como ferramentas estratégicas para o aumento da intenção de compra dos consumidores.

Atitudes

As *atitudes* são predisposições, sentimentos e tendências relativamente consistentes de um indivíduo quanto a determinada situação ou objeto. Por se tratar de uma predisposição para a ação, a atitude serve como referência para que um consumidor avalie um produto de maneira positiva ou negativa, proporcionando a proximidade ou o afastamento dele em relação ao produto.

Para os psicólogos cognitivos, as atitudes são compostas por três elementos: crenças (pensamentos), afetos (sentimentos) e intenções de comportamento (ações prováveis). Por serem mecanismos eficientes de avaliação das situações, as atitudes têm o poder de orientar e guiar nosso comportamento. Após instalada uma dada atitude, sua mudança requer uma reestruturação ampla do sistema de crenças e valores do indivíduo, o que pode significar um processo árduo, dependendo da atitude em questão.

As atitudes são importantes na construção da identidade das pessoas, assim como na organização e no senso de coerência da experiência cotidiana. Inicia-se uma mudança de atitude quando situações apontam para uma incoerência entre nossos pensamentos e julgamentos, o que é tipicamente ilustrado pelo estado de *dissonância cognitiva*. Como já citado, a dissonância cognitiva é um estado de tensão psicológica vivenciado por uma pessoa em face de duas crenças antagônicas ou excludentes, levando a um ajuste de pensamento a fim de garantir a integridade e a coerência do sistema de crenças e valores. Os profissionais de marketing podem dar início a uma mudança de atitude ao construir estratégias que levem o consumidor a essa situação, ao promover comparações entre dois produtos concorrentes a partir de seus diferentes atributos — por exemplo, preço baixo *versus* qualidade e durabilidade.

Por terem pensamentos, sentimentos e intenções, os consumidores constroem parte de suas intenções de compra tomando por base avaliações dos produtos pautadas por suas atitudes. Para os profissionais de marketing, é fundamental identificar clara e sistematicamente as atitudes do consumidor, bem como sua evolução no correr do tempo. Atualmente, a população dos grandes centros urbanos brasileiros vem desenvolvendo uma atitude positiva em relação a produtos da linha *light*, com baixas calorias e de apelo a uma vida saudável. Esse mercado está em franca expansão em nosso país, o que indica a preocupação dos consumidores com uma vida mais saudável, uma alimentação mais regrada e um cuidado maior com o corpo e a saúde.

O cuidado no atendimento do consumidor, a qualidade do produto, a facilidade de entrega e um serviço de atendimento pós-venda são elementos fundamentais para a construção de atitudes positivas do consumidor em relação aos produtos. Qualquer deslize nessas etapas pode levar o consumidor a desenvolver crenças e valores negativos, anulando os esforços de geração de valor no sentido da construção de um relacionamento forte e significativo entre o consumidor e o produto.

Personalidade, autoconceito e estilo de vida

Entende-se *personalidade* como um padrão característico de pensamentos, sentimentos e ações de determinado indivíduo. Por estar ligado diretamente à questão da identidade, esse conceito diz respeito à singularidade de uma pessoa e a seu padrão sistemático de reação às situações presentes no meio ambiente que a cerca.

O consumo de produtos e serviços permite não só a satisfação de necessidades de cunho utilitário e hedônico, mas também a construção do *autoconceito* do consumidor, isto é, a definição de sua imagem social para si mesmo e para seus pares. Na sociedade contemporânea, o consumo vem delimitando a identidade e a construção de novas experiências do eu, que vão sendo utilizadas em função das diferentes situações sociais. Valores reforçados em nossa sociedade, como beleza, sucesso e saúde, não só levam a uma reorientação da personalidade do consumidor, como permitem um posicionamento competitivo na busca de *status* e sucesso social. Os profissionais de marketing devem estar atentos às características de personalidade de seus consumidores e lançar mão de estímulos de marketing que reforcem o autoconceito mediante a compra de produtos. Não há dúvida de que a escolha da compra é influenciada pelos traços de personalidade do consumidor.

O *estilo de vida* também é um conceito bastante utilizado pelos profissionais de marketing, incluindo o que se refere à formulação de estratégias de segmentação dos mercados consumidores. Segundo Solomon (2002), o estilo de vida diz respeito às maneiras pelas quais os consumidores escolhem gastar seus recursos disponíveis (tempo e dinheiro), assim como seus valores, gostos e preferências, refletidos em suas escolhas de consumo.

Os valores e os estilos de vida podem ser compreendidos por técnicas psicográficas que subsidiam os esforços de segmentação das empresas. As técnicas intituladas AIO procuram agrupar os consumidores segundo critérios que envolvem atividades (A), interesses (I) e opiniões (O). Como ilustra o quadro 1, a segmentação por AIOs pode ser assim descrita:

Quadro 1
Escala AIO

Atividades	Interesses	Opiniões	Dados demográficos
Trabalho	Família	As próprias	Idade
Hobbies	Lar	Questões sociais	Instrução
Eventos sociais	Emprego	Política	Renda
Férias	Comunidade	Negócios	Ocupação
Diversão	Recreação	Economia	Tamanho da família
Afiliação a um clube	Moda	Educação	Habitação
Comunidade	Alimentação	Produtos	Geografia
Fazer compras	Mídia	*Futuro*	Tamanho da cidade
Esportes	Realizações	Cultura	Estágios no ciclo de vida

Fonte: Engel, Blackwell e Miniard, 2000.

Outra classificação utilizada nos Estados Unidos, mas não validada no Brasil, baseia-se no sistema de valores e estilos de vida, denominado Escala VALS2, que classifica os consumidores em diferentes estilos de vida de acordo com a forma de gastarem seu tempo e dinheiro disponíveis. Após exaustiva pesquisa, os estilos de vida foram agrupados em oito tipos, assim descritos:

- *modernizadores (ou efetivadores)* — consumidores localizados no topo da pirâmide social, com ganhos tão elevados e recursos tão amplos que acabam por orientar a si mesmos. São consumidores que ditam as regras da moda, não as seguem. A imagem é importante para eles, não como evidência de *status* e poder, mas como extensão de seu gosto, independência e caráter. Têm uma ampla faixa de interesses, sendo abertos a mudanças;
- *realizadores* — consumidores bem-sucedidos, com muitos recursos, orientados para o trabalho, politicamente conservadores e que se satisfazem basicamente com o trabalho e a família. Preocupam-se com questões sociais e são abertos a mudanças. Respeitam a autoridade e o *status quo*, preferindo produtos e serviços tradicionais que lhes possibilitem exibir seu sucesso;
- *satisfeitos* — profissionais maduros, com bom nível de instrução, reflexivos, e que se sentem realizados e à vontade. Passam as horas vagas em casa, mas são bem informados e abertos a novas ideias. Tendem a ser práticos e a valorizar a funcionalidade;
- *experimentadores* — são consumidores ávidos, impulsivos, jovens, que apreciam experiências excêntricas e arriscadas e extravasam sua grande energia em atividades sociais e exercícios físicos. É o grupo mais jovem, que gasta muito com roupas, restaurantes *fast-food*, música e outros artigos favoritos dos jovens;

- *crédulos* — consumidores mais conservadores e previsíveis, com rendas mais modestas. Dão preferência a produtos fabricados em seu próprio país e a marcas tradicionais. Seus valores básicos estão ligados à família, à comunidade religiosa e social e à nação;
- *batalhadores (ou esforçados)* — assemelham-se aos realizadores, mas dispõem de menos recursos. O estilo é extremamente importante para esses consumidores, pois buscam imitar padrões de consumo de outros grupos com mais recursos. Por isso, preocupam-se muito com a aprovação dos outros e fazem constantes comparações sociais;
- *criadores (ou "fazedores")* — consumidores que se orientam basicamente para a ação, não sendo impressionados por posses materiais. São pessoas que gostam de afetar seu ambiente por meios práticos, valorizando a autossuficiência e concentrando-se em atividades ligadas à família, ao trabalho e às atividades físicas. São consumidores orientados por finalidades práticas e funcionalidade;
- *lutadores* — estão na base da pirâmide social. São pessoas de renda muito baixa e com pouquíssimos recursos, que se preocupam em atender às suas necessidades básicas. Por terem poucos recursos, tendem a ser consumidores mais leais a marcas.

Fatores socioculturais

Envolvem influência do grupo, da família, da classe social e da cultura e subculturas no comportamento de compra. Nesse segundo nível, o consumidor não é mais visto como um indivíduo isolado, e, sim, como um ser social que reage e é transformado pelo contexto em que está inserido.

Influência de grupo

Por ser um processo social, o comportamento de consumo sofre a influência da ação de grupos humanos sobre os indivíduos. Como os indivíduos pertencem a diversos grupos e almejam participar de outros grupos, a influência das situações de interação social é de extrema importância na aquisição e estabilização de suas ações de compra. Dessa maneira, o profissional de marketing precisa compreender que os consumidores agem, em grande parte, segundo regras compartilhadas por grupos, a fim de buscar sua inserção social.

A influência do grupo sobre as pessoas é um dos exemplos mais característicos do que os psicólogos sociais denominam *poder social*, isto é, o efeito de persuasão que indivíduos isolados ou grupos de pessoas exercem sobre seus pares na normatização e na regulação dos comportamentos. Os grupos também funcionam como uma proteção para seus integrantes, posto que estes, em situações de interação social, podem assumir comportamentos que não seriam adotados de forma isolada ou autônoma. Dessa maneira, os grupos humanos são poderosos fomentadores de condutas sociais, além de servirem de escoadouro das tensões e angústias dos indivíduos em suas vidas pessoais. Adicionalmente, os grupos são fontes de comparação social, isto é, servem de norma ou modelo para a regulação da conduta de seus integrantes, e de pessoas não pertencentes a eles, mas que, por algum motivo, desejam participar das interações frequentes entre os seus membros.

Um dos mais significativos fatores sobre a intenção de compra dos consumidores é dado pelos *grupos de referência*, que servem de parâmetro de comparação ou de referência direta ou indireta na formação de atitudes e de comportamentos de compra. Na busca por *status* social e por um posicionamento mais privilegiado na escala social, os consumidores procuram utilizar como horizonte de comparação o comportamento de compra de grupos sociais mais elevados, que dispõem de mais recursos e conhecimento. Os grupos de referência, por serem objeto de comparação no que toca à aquisição de produtos mais luxuosos e de serviços, que indicam um grau elevado de sofisticação e refinamento, são poderosos elementos de influência na dinâmica de compra de indivíduos ou grupos que estão num patamar mais abaixo da estrutura social. As colunas sociais, as revistas que contam a vida das estrelas e das pessoas de sucesso, os programas televisivos que abordam as últimas novidades da vida das celebridades exercem um efeito significativo na conformação e regulação do comportamento de compra de seus leitores ou telespectadores, especialmente os de classe social menos favorecida.

Nos grupos de referência, algumas pessoas podem sobressair devido a habilidades pessoais, conhecimento ou características individuais, exercendo também influência sobre o comportamento de outros indivíduos. Essas pessoas são chamadas de *líderes de opinião*, e o destaque obtido por seu sucesso individual acaba por ser uma fonte explorada pelos profissionais de marketing para influenciar o comportamento dos consumidores. Um exemplo de uso de líderes de opinião é o recurso a propagandas testemunhais, que lançam mão de artistas de televisão, cantores e atletas na promoção de produtos como cosméticos, eletrodomésticos, empreendimentos imobiliários, shopping centers, apetrechos para o lar e produtos para a saúde e a beleza. A relação entre o motivo do sucesso do protagonista da propaganda e as características do produto pode ser mais ou menos direta. Por exemplo, a *top model* Gisele Bündchen não surpreende ao estrelar a campanha de uma loja de roupas femininas, a jornalista e atriz Marília Gabriela pode apresentar uma corretora de valores mobiliários, e o jogador de futebol Kaká pode apresentar um barbeador descartável. De modo mais ou menos imediato, temos um empréstimo de prestígio e competência da celebridade ao produto anunciado.

Influência da família

Engana-se o profissional de marketing que concebe a decisão de compra como algo individual. Se a comunidade influencia o comportamento de compra, um tipo específico de grupo social é um dos mais importantes influenciadores no processo de tomada de decisão da compra: a família. Muitos desses comportamentos têm origem na família, uma vez que ela é a base do processo de socialização de consumo, repercutindo posteriormente na construção da identidade de seus integrantes e em suas opções de vida e escolhas de consumo. Em um país como o Brasil, onde a família é um importante elemento de nossa realidade social, seu papel precisa ser constantemente avaliado pelos profissionais de marketing.

A relevância da família na decisão de compra faz com que a tomada de decisão dos consumidores finais seja em grande parte um processo coletivo, fruto do resultado dos diferentes interesses dos participantes envolvidos, como cônjuges e filhos. Os cônjuges participam da decisão ao negociar seus diversos interesses, preferências e gostos, considerando sua influência no que tange aos recursos envolvidos e ao tempo despendido na compra. Os filhos, atualmente, também são fortes influenciadores na decisão de consumo, sendo comum estratégias do tipo "a criança pega, o pai compra", muito utilizadas no caso de produtos alimentícios como biscoitos, balas, bolos e lanches voltados para o público infantil. O uso de marcas licenciadas de personagens de desenhos animados também é um forte indicador da importância que os profissionais de marketing atribuem aos consumidores infantis. O fato de as crianças serem mais suscetíveis aos estímulos de marketing faz com que esses miniconsumidores sejam, na atualidade, o foco de vários estudos e pesquisas sobre os processos de influência social na decisão de compra.

Os papéis assumidos pelos membros de uma família durante o processo de compra não são excludentes, isto é, podem ser desempenhados por seus diferentes integrantes, ou também ser acumulados por um ou mais membros. Os profissionais de marketing devem estar atentos a essa repartição de funções, a fim de tentar otimizar o resultado da intenção de compra. Os papéis são:

- *iniciador* — dispara o processo de compra, ao reconhecer uma necessidade não atendida;
- *influenciador* — busca nas fontes e disponibiliza as informações necessárias para a satisfação da necessidade despertada;
- *decisor* — dá a palavra final sobre a alternativa escolhida;
- *comprador* — interage com o vendedor e adquire o produto;
- *consumidor* — é o usuário final do produto;
- *avaliador* — promove a avaliação do produto, especialmente no que tange à satisfação da necessidade.

O estágio de vida da família também influencia o padrão de compra. Uma família constituída de pais jovens com um filho recém-nascido tem um padrão de consumo diferente de uma família com filhos adolescentes ou formada por um casal maduro, cujos filhos moram fora de casa. É importante também perceber o chamado ciclo de vida familiar e suas implicações para o processo de compra. Além disso, em função da modificação dos padrões econômicos, sociais, culturais e educacionais, novos hábitos, divisões de papéis e configurações marcam as famílias contemporâneas. Por exemplo, um dos segmentos que mais cresce no Brasil é o chamado mercado *single*, voltado para homens e mulheres adultos, descasados, que moram sozinhos, ou retornam à casa dos pais. O profissional de marketing deve estar atento à dinâmica da família, bem como às transformações observadas nas formas de relacionamento e de convivência, que tornam cada vez mais complexa a análise do papel das famílias no comportamento de compra.

Influência da classe social

A classe social é um dos fatores mais utilizados na segmentação de mercados, justamente por ser um indicador da posição social de um indivíduo perante seus pares e a sociedade como um todo. Classe social pode ser definida como um critério de ordenação da sociedade que utiliza indicadores como poder aquisitivo, escolaridade e ocupação.

Por serem divisões relativamente homogêneas da sociedade, as classes sociais permitem classificar os consumidores e suas famílias com base no compartilhamento de determinados valores, crenças, interesses e estilos de vida, que repercutem nas intenções de compra. Além disso, funcionam como indicadores de posicionamento e comparação social, posto que determinam uma certa hierarquização da estrutura social a partir de grupos relativamente homogêneos.

O comportamento de consumo pode ser influenciado pelos desejos compartilhados por uma determinada classe social, especialmente se os consumidores almejam ascender na escala social (mesmo que simbolicamente), distinguir-se de seus pares e buscar níveis mais elevados de *status* social. Em sociologia, esse fenômeno de orientação dos padrões de compra com base nas classes sociais mais elevadas é denominado consumo conspícuo, fenômeno muito presente em grupos de ascensão social relativamente recente como os chamados "novos ricos" ou "emergentes". Pelo fato de estes serem consumidores vorazes, os profissionais de marketing devem se aproveitar dos impulsos de ascensão social para estreitar o relacionamento de seus produtos com os clientes, direcionando-os de maneira eficaz para o seu público-alvo.

O conceito de classe social, porém, deve ser usado com muita cautela em países onde a mobilidade social é intensa, como no caso brasileiro. Essa flexibilidade de acesso e retrocesso na escala social faz com que, atualmente, muitos profissionais de marketing prefiram utilizar o conceito de *classe econômica*, que privilegia muito mais o poder de compra dos consumidores do que suas características sociais e culturais. No Brasil, utiliza-se hoje o Critério de Classificação Econômica Brasil (CCEB), que será discutido em detalhes mais adiante, ainda neste capítulo.

Influência da cultura

A cultura é um dos fatores mais importantes a se levar em consideração no planejamento de produtos e na definição de estratégias de marketing. Pelo fato de ser um elemento fundamental na vida do indivíduo em sociedade, muitos dos fracassos em marketing são explicados pela falta de sensibilidade na consideração da realidade cultural dos consumidores.

A cultura é o objeto central dos estudos da antropologia. Entende-se por *cultura* o conjunto de crenças, normas, valores e atitudes que regulam e normatizam as condutas dos integrantes de determinada sociedade. Por ter um componente atitudinal, a cultura desempenha duas funções na vida de um indivíduo e de uma comunidade: a *normativa* e a *avaliativa*. A cultura serve de padrão de orientação e de horizonte de comparação dos comportamentos dos membros de uma sociedade, sendo qualquer conduta desviante punida com uma sanção social que pode ser agravada pela interdição, pela suspensão dos direitos e até pelo banimento da comunidade.

Por ser organizadora da atividade social, a cultura é uma grande instância de constituição da identidade dos indivíduos, que buscam referências, padrões, normas e mapas que delimitem seus espaços de atuação. Ademais, sua natureza é simbólica, ou seja, é promotora da homogeneidade e da integração entre os diversos componentes da sociedade, dando-lhes um senso de comunidade e de compartilhamento de experiências. Por isso, não existem comunidades humanas sem qualquer tipo de manifestação cultural.

Um esforço relativamente recente de mapear a cultura brasileira foi realizado pelo Sebrae, a partir de 2002, por ocasião da pesquisa "A cara brasileira". Essa pesquisa, cujo objetivo é fomentar a criação de produtos e serviços que agreguem características da nossa cultura, tem levantado os pontos fortes e fracos do povo brasileiro. Como pontos fortes temos: pluralismo racial e cultural, elementos culturais provenientes de tradições e experiências de vida autenticamente populares, alegria e otimismo, características pluralistas e sincréticas da cultura, ênfase nos relacionamentos sociais, hospitalidade e cordialidade, e criatividade. Já os pontos fracos são: falta de autoestima; valorização apenas do que vem de fora, resultante da pobreza cultural; falta de confiança nas autoridades e no governo, o que se reflete na desconfiança generalizada em empresas públicas; um certo desprezo por questões técnicas; ideia da astúcia como ingrediente necessário para se tirar proveito de tudo, sobretudo em detrimento dos mais humildes; escassa divulgação do trabalho cultural brasileiro em todos os setores; personalismo arrogante, que se coloca acima da lei; convicção de que todos ludibriam com o objetivo de ganhar sempre mais; ignorância como profissão de fé (*se eu consegui ganhar dinheiro sem ler um livro, então...*); desonestidade em nome da família e dos amigos; e falta de compromisso em relação a acordos firmados.

Esses valores conflitam com os da cultura norte-americana, na qual o individualismo, a autodeterminação, a liberdade e o esforço pessoal são norteadores do sucesso pessoal. Os laços que unem o indivíduo à comunidade existem, mas em menor intensidade e escala do que na cultura brasileira. Essa diversidade cultural merece a atenção dos profissionais de marketing no que diz respeito à oferta de produtos. Contrariamente ao difundido nos anos 1980, a globalização não substituiu as culturas locais; estas foram agregadas pelos símbolos da cultura global das grandes corporações transnacionais, tornando o processo de diagnóstico de padrões culturais muito mais complexo (Nunes, 2000).

É comum dividir-se a cultura nacional em segmentos denominados *subculturas*. Subculturas são especificidades culturais definidas a partir de critérios étnicos, religiosos, geográficos, de estágios e estilos de vida. Em países como o Brasil, onde as características aqui descritas se aplicam, é preciso levar em consideração as variações regionais de valores, crenças e hábitos de consumo. Diferenças climáticas, composição racial e hábitos locais são importantes quando se avalia a introdução de novos produtos nesses mercados.

Fatores situacionais

Dizem respeito a uma gama de influências momentâneas e circunstanciais por ocasião da compra, como ambientação da loja, *displays* nos pontos de venda, disposição dos corredores de prateleiras, posição dos produtos nas gôndolas, entre outras. Essa é uma das áreas em que mais cresce a pesquisa sobre as ações de compra, destacando-se os estudos da antropologia dos ambientes varejistas desenvolvidos por Underhill (2009).

Segundo Engel, Blackwell e Miniard (2000), as influências situacionais no comportamento de compra podem ser divididas em: situações de compra, de comunicação e de uso.

O segmento varejista é uma das áreas que mais vem se beneficiando do uso de técnicas que focalizam a situação de compra, especialmente porque a aquisição dos produtos é, na grande maioria das vezes, decidida nas prateleiras e nas gôndolas das lojas. Os investimentos em promoção, embalagem, *displays* nos pontos de venda (PDVs), disposição arquitetônica e ambientação da loja, como sistema de sonorização, qualidade e quantidade das informações, aromatização do ambiente, abrem inúmeras possibilidades de busca de estratégias que levem à otimização da intenção de compra. Atualmente, as lojas de varejo deixaram de ser meros depósitos de produtos, investindo em *designs* arquitetônicos que aliam o conforto à funcionalidade, tornando a experiência de compra cada vez mais interativa e instigante.

A comunicação com o consumidor também leva em consideração aspectos situacionais. O uso de diferentes mídias por parte das empresas, a partir de estratégias segmentadas, direcionadas e interativas tem efeitos significativos no comportamento de compra. No momento em que este livro está sendo escrito, as possibilidades de uso de novas mídias, além da internet, são ainda pouco exploradas, e seus efeitos sobre o consumidor ainda pouco conhecidos.

As situações de uso dos produtos também devem ser levadas em conta pelos profissionais de marketing. Os produtos podem ter diversos usos em diferentes circunstâncias. Por exemplo, o consumo de produtos como cigarros e bebidas alcoólicas é sensível às situações sociais em que ocorre. Em função das pressões antitabagistas voltadas para a promoção da saúde, o uso desses produtos foi reorientado para situações de consumo privado, e não mais em ambientes públicos.

Fatores demográficos

A demografia é a ciência que estuda as características das populações humanas e se exprime geralmente por meio de valores estatísticos, levantados a partir de um grande número de entrevistas. As características da população estudadas pela demografia são inúmeras e incluem sua distribuição por gênero, religião, etnia, renda, poder de compra, faixa etária, ocupação, estado civil, mobilidade, entre muitas outras. O Critério de Classificação Econômica Brasil (CCEB), endossado pela Associação Brasileira de Anunciantes (ABA) e desenvolvido pela Associação Brasileira de Empresas de Pesquisa (Abep), tem como função estimar o poder de compra/capacidade de consumo das pessoas e famílias urbanas, discriminando grandes grupos, de acordo com a posse de alguns bens materiais e o grau de instrução do chefe da família. Cada item representa uma pontuação, que, somada a outras, distribui os consumidores pelas classes A1, A2, B1, B2, C1, C2, D e E. Segundo a versão do CCEB de 2007, há no Brasil 1% de classe A1, 4% de classe A2, 9% de classe B1, 15% de classe B2, 21% de classe C1, 22% de classe C2, 25% de classe D e 3% de classe E. A tabela 1 compreende, na verdade, três tabelas sempre presentes em conjunto nos questionários empregados na aplicação do CCEB. Ilustra os bens materiais presentes no Critério Brasil, o grau de instrução do chefe de família e as respectivas pontuações que estabelecem os cortes de definição das classes econômicas.

O CCEB sofre várias críticas. As mais comuns estão relacionadas à ausência de itens como, por exemplo, telefone celular, micro-ondas, *home theater*, afirmando-se que "qualquer um pode ser classe A", que pessoas de rendas diferentes pertencem à mesma classe ("uma família da periferia de São Paulo pode ser classificada como classe A"), que famílias pequenas ou indivíduos que moram sozinhos não podem atingir a pontuação máxima ("um alto executivo que more num *flat* com apenas um banheiro, uma televisão e um carro pode ser considerado integrante da classe B").

Tabela 1

SISTEMA DE PONTOS DO CRITÉRIO DE CLASSIFICAÇÃO ECONÔMICA BRASIL

Posse de itens					
	Quantidade de itens				
	0	1	2	3	4 ou +
Televisão em cores	0	1	2	3	4
Rádio	0	1	2	3	4
Banheiro	0	4	5	6	7
Automóvel	0	4	7	9	9
Empregada mensalista	0	3	4	4	4
Máquina de lavar	0	2	2	2	2
Videocassete e/ou DVD	0	2	2	2	2
Geladeira	0	4	4	4	4
Freezer (aparelho independente ou parte da geladeira dúplex	0	2	2	2	2

Grau de instrução do chefe de família		
Nomenclatura antiga	**Nomenclatura atual**	
Analfabeto/primário incompleto	Analfabeto/até 3ª série fundamental	0
Primário completo/ginasial incompleto	Até 4ª série fundamental	1
Ginasial completo/colegial incompleto	Fundamental completo	2
Colegial completo/superior incompleto	Médio completo	4
Superior completo	Superior completo	8

Cortes do Critério Brasil	
Classe	**Pontos**
A1	42-46
A2	35-41
B1	29-34
B2	23-28
C1	18-22
C2	14-17
D	8-13
E	0-7

Fonte: <http://www.abep.org/novo/Content.aspx?ContentID=301>, acesso em 10 abr. 2011.

O grande equívoco em toda essa discussão está em ver o Critério Brasil como uma ferramenta de segmentação por classe social. A ideia por trás da criação do CCEB foi atender às necessidades de segmentação por poder aquisitivo nas pesquisas de mercado da maioria das empresas de bens de consumo duráveis e não duráveis, a fim de que esta fosse ampla o suficiente para discriminar o consumo da maior parte dos produtos de massa. O Critério Brasil não visa segmentar classes sociais, nem estilo de vida, apenas o poder de consumo.

O conceito de classe econômica difere, e muito, do conceito de classe social. Isso explica o porquê de alguns bens materiais não estarem incluídos na lista existente. Segundo Silva (2003), "alguns bens simplesmente não acrescentam poder de discriminação. Outros trariam uma instabilidade indesejável para o critério". Muitos dos bens excluídos do CCEB são relativamente recentes (caso do microcomputador e do telefone celular) e ainda estão em fase de crescimento no mercado brasileiro. Ainda segundo Silva (2003), "o aparelho celular é o típico caso do item que está em fase de crescimento acentuado. Se tivesse sido incluído, 2 milhões de pessoas teriam mudado de classe apenas porque o produto se popularizou, e não porque tivessem aumentado a capacidade de compra em geral".

A Abep, na revisão mais recente do CCEB, trabalhou com o banco de dados do Levantamento Socioeconômico do Ibope Mídia. A base de dados disponibilizada contempla os dados estatísticos das quase 30 mil entrevistas realizadas nas nove principais regiões metropolitanas do país: Fortaleza, Recife, Salvador, Belo Horizonte, Curitiba, Porto Alegre, São Paulo, Rio de Janeiro e Brasília. Fez-se uma comparação do critério com posses de uma série de outros itens avaliados pelo Ibope. A comparação demonstrou que os itens considerados no CCEB continuavam válidos como poder de discriminação de estratos, reforçando a posição de que não era necessário no momento ampliar o escopo dos bens arrolados. A tabela 2 apresenta a análise realizada pela Abep com base nos dados fornecidos pelo Ibope.

Tabela 2

Presença de alguns itens nos domicílios por classe

	CCEB						
	A1	A2	B1	B2	C	D	E
Câmera de vídeo	58	39	22	10	2	0	0
Videogame	51	45	40	33	22	7	1
Máquina de secar roupa	55	39	26	16	7	2	0
Máquina de lavar louça	64	43	23	11	2	0	0
Forno de micro-ondas	92	86	73	56	26	5	0
Linha telefônica	100	98	93	82	53	22	4
Telefone celular	99	88	73	55	31	12	4
Microcomputador	94	74	53	28	7	1	0
Impressora	91	69	46	22	4	0	0
CD player	98	96	90	82	60	30	7

Fonte: <http://www.abep.org/novo/Content.aspx?ContentID=301>, acesso em 10 abr. 2011.

O CCEB foi concebido para funcionar estatisticamente, e trabalha com coletivos. Nisso, o CCEB cumpre bem o seu papel. Afinal, o Brasil ainda é um país com péssima distribuição de renda. Segundo estatísticas do Instituto Brasileiro de Geografia e Estatística (IBGE), os 137 milhões de brasileiros pertencentes às classes C, D e E vivem atualmente com rendas mensais brutas inferiores a R$ 1.125. Para medir o poder de compra da população é preciso analisar a evolução do padrão de vida. Ainda estamos longe de conseguir maior heterogeneidade no poder aquisitivo das pessoas, daí a eficácia do CCEB em mapear a totalidade da capacidade de consumo da sociedade. Uma comprovação adicional da conveniência do CCEB é sua discriminação efetiva do poder de compra entre as diversas regiões brasileiras, revelando importantes diferenças entre elas (ver a tabela 3).

Tabela 3

Distribuição da população por região metropolitana (CCEB 2011-- base LSE 2009) — %

	Regiões metropolitanas									
Classe	Fortaleza	Recife	Salvador	BH	RJ	SP	Curitiba	P. Alegre	DF	Brasil
A1	0,2	0,6	0,5	0,6	0,2	0,4	0,4	0,2	1,9	0,5
A2	2,3	1,6	2,3	5,1	3,0	4,6	6,2	4,8	7,2	4,0
B1	6,3	4,6	6,1	7,8	7,7	11,0	12,9	9,4	14,1	9,1
B2	8,7	10,9	13,4	17,5	18,9	23,3	23,5	20,7	22,0	19,3
C1	17,1	17,9	19,2	25,8	28,9	28,0	24,4	27,0	22,3	25,6
C2	28,5	29,5	33,1	23,1	23,8	20,1	18,7	23,2	19,8	23,2
D	31,8	30,8	23,3	19,7	17,2	12,1	13,2	13,3	12,6	17,1
E	5,1	4,1	2,2	0,5	0,3	0,5	0,9	1,5	0,3	1,1

Fonte: <http://www.abep.org/novo/Content.aspx?ContentID=301>, acesso em 10 abr. 2011.

Para demandas específicas de classificação do consumidor em estilo de vida, valores e hábitos e costumes, outros critérios de seleção devem ser procurados que não o Critério Brasil. Se o interesse for pesquisar o universo das consumidoras do Shopping Cidade Jardim (São Paulo), onde se encontram as mais sofisticadas grifes da moda internacional, compradas por clientes que podem despender R$ 30 mil em roupas para si mesmas em uma única tarde, certamente o CCEB não terá grande utilidade discriminatória.

É importante salientar que o CCEB, ou qualquer outro critério econômico, não basta para uma classificação adequada no caso de pesquisas exploratórias de caráter qualitativo. Quando necessário, deve-se procurar levantar, além do CCEB, o máximo de informações em profundidade sobre os entrevistados; por exemplo, comportamentos e razões de compra, preferências, interesses, motivações e características de personalidade, a fim de segmentar os mercados levando-se em consideração não só critérios sociodemográficos, mas também aspectos psicográficos e comportamentais.

Uma vez compreendidos os fatores que influenciam o comportamento de consumo, tal como abordados neste capítulo, avancemos para o capítulo 3, que explora o processo decisório de consumo lançando mão de alguns modelos bastante úteis como referência na montagem de planos de marketing.

3

Processo decisório de consumo

Quem de nós já não percebeu como os padrões de consumo e o significado do ato de comprar variam de pessoa para pessoa? Os fatores determinantes da compra dependem de inúmeras variáveis, como, por exemplo, gênero, idade, personalidade ou classe social. Pais de família gastam muito mais em supérfluos do que suas esposas quando entram em supermercados? Os homens são mesmo mais objetivos do que as mulheres em uma loja de artigos de vestuário? As mulheres gastam mais tempo em compras quando acompanhadas por amigas? O fato de maridos e namorados estarem presentes quando suas mulheres e namoradas compram acelera o processo? Denotando compreensão desse comportamento, algumas lojas de varejo voltadas para o público feminino chegam a incluir em seu mobiliário básico poltronas e sofás confortáveis para que os maridos impacientes possam esperar sentados e exercer menos pressão sobre filhas e esposas compradoras (Underhill, 2009). Em uma de suas lojas, situada no São Conrado Fashion Mall, no Rio de Janeiro, a grife de moda feminina Chocolate instalou um *lounge* com diversos ambientes de estar, além de um excelente restaurante, para manter entretidos os acompanhantes masculinos das compradoras. A Sephora, megaloja de cosméticos francesa, chega a lançar mão de ambientes inteiros, propositadamente mantidos na penumbra, com *bergères* em que os maridos passam as horas de espera ouvindo música, assistindo a DVDs e, se possível, dormindo!

Este capítulo tem por objetivo discutir o quanto pode variar o acionamento dos sentidos durante uma compra, a fim de que se compreenda melhor o processo decisório de consumo e se tenha mais instrumentos para estimular tanto a conversão de *prospects* quanto um relacionamento de longo prazo com os clientes.

Arquitetura e tecnologia a serviço do consumo

Um exemplo interessante dos extremos a que uma marca pode chegar para seduzir consumidores e angariar clientela, a partir de um profundo conhecimento do processo decisório de compra, é a loja da Prada, no Soho, em Nova York.[4] A um custo de montagem estimado extraoficialmente em US$ 40 milhões, essa unidade específica mantém há anos o *status* de loja espetáculo. Foi inaugurada em dezembro de 2001, a tempo de pegar o Natal de sentimentos confusos deflagrados pelo atentado das Torres Gêmeas. É quase um parque temático da marca, vendendo peças de coleções passadas, e certamente constitui um marco na arquitetura do consumo. Tem-se a impressão de que Oscar Niemeyer e Jean-Paul Gaultier se inspiraram em caixas-fortes para abrir uma butique cujas linhas e tecnologia celebram duas ideias algo paradoxais: de um lado, conexão/interatividade; de outro, movimento, que funde entretenimento e moda.

[4] Ver <http://veja.abril.com.br/230102/p_058.html>, acesso em 30 mar. 2011.

A novidade introduzida pela empresa foi abrir mão da uniformização, criando ambientes únicos e incomuns, com cores e materiais diversos em harmonia: mármore preto e branco, madeira zebrada, papel de parede creme, tijolos, alumínio e muito vidro. Luzes cambiantes fazem um jogo de claridade, sombra e transparência, fruto do trabalho de profissionais que assinam espetáculos da Broadway, a algumas dezenas de quarteirões dali.

No andar térreo, um elevador cilíndrico transparente antecede o vão em cujo teto estão suspensas jaulas móveis. O elevador e as jaulas são *displays* de roupas e acessórios e também de elementos cenográficos para festas, mostras e shows. As jaulas encimam o vão que domina cerca de um quarto da loja. Nele há, de um lado, uma arquibancada de madeira (cabem 200 pessoas), onde ficam os sapatos, e, do outro, uma onda, na mesma madeira, de função decorativa. Escadas ao lado da arquibancada e da onda, assim como o elevador, levam ao subsolo, onde fica o *bunker* metálico das compras.

O provador da loja — o coração de qualquer butique, pois nele se decide a compra — é um capítulo à parte. Um sensor registra a entrada da peça no provador e reproduz a imagem dela num terminal que, então, fornece informações sobre cores, tamanhos, acessórios e outras peças que se coordenem bem com o que está sendo provado. Em lugar de espelhos, há monitores digitais. O cliente se vê de frente e de costas, ao mesmo tempo, na tela. E o provador dá opções de iluminação para o devido exame do efeito do ambiente nas cores da roupa.

Suas araras e prateleiras são montadas em estantes deslizantes, à semelhança de arquivos de grande porte, dando a impressão de que o consumidor está comprando nos bastidores, num ambiente que é parte depósito, parte mostrador. Atendentes agem como guias de turismo ou de museu. O ato de consumir é precedido por uma educação do consumo, em louvor à arquitetura e à tecnologia de compra. A equipe de vendas trabalha com aparelhos portáteis, que os mantêm informados sobre o estoque e sobre o cliente portador do cartão da loja. Os clientes cadastrados pegam a roupa ou o acessório que desejam e simplesmente saem da loja, dispensando a passagem pelo caixa: um sinal eletrônico dá baixa no estoque e debita o valor da compra na conta do cliente. O efeito é irresistível. Tanto que a loja recebe visitantes curiosos e clientes efetivos em igual proporção. A loja, na Broadway Street, 575, vende simbolicamente, um processo de construção de imagem que já não é mais a do *status* e a do sexo, os indicadores habituais de desejo na moda. Vende uma deslumbrante ideia experimental de futuro do consumo de luxo.[5]

O modelo de etapas do processo de consumo

Por trás do ato de comprar encontra-se um importante processo decisório que merece investigação, tal como já realizado por diversos autores compilados por Karsaklian (2000). Aqui, vamos designar os estágios percorridos por um consumidor ao fazer escolhas sobre produtos e serviços como *processo decisório de consumo*. Embora haja na literatura diversos modelos que visam a facilitar a compreensão desse processo (Engel, Blackwell e Miniard, 2000), cada qual defendendo a existência de uma quantidade diferente de estágios, adotaremos neste livro uma configuração de cinco estágios pelos quais o consumidor passa quando está engajado em uma operação de compra, a saber: i) reconhecimento do problema; ii) busca de informações; iii) avaliação de alternativas; iv) decisão de compra; e v) comportamento pós-compra. Passemos a eles.

[5] *O Globo*, 12 jan. 2002. Caderno Ela, p. 5.

Reconhecimento do problema: percebendo uma necessidade

O *reconhecimento do problema* é a percepção de que existe uma distância significativa entre as situações em que a pessoa se sente confortável e as situações que ela enfrenta de fato. Para deflagrar uma ação de consumo, a distância referida deve ser grande o bastante para gerar uma sensação de desconforto, mesmo que sutil, a fim de iniciar um processo decisório que tem por objetivo trazer o indivíduo de volta ao estado de equilíbrio, ainda que transitoriamente. Isso pode ser tão simples quanto você perceber que seu estoque de iogurte na geladeira acaba de terminar; ou uma adolescente notar que suas roupas destoam das usadas pelas outras adolescentes em uma festa; ou ainda um motorista reparar que seu carro anda fazendo um barulho incomum na mudança de marcha.

No campo do marketing, a propaganda, a publicidade ou os vendedores podem ativar o processo decisório de consumo ao evidenciar os problemas e limitações dos produtos concorrentes (ou das soluções a que você já recorre). Por exemplo, um anúncio de um notebook pode estimular o reconhecimento do problema ao salientar como a portabilidade dos notebooks permite que você ganhe flexibilidade e produtividade em seus horários e locais de trabalho ou estudo, produtividade esta que seria muito superior àquela oferecida pelo desktop que está hoje em seu escritório.

Busca de informações: procurando valor

Depois de reconhecer um problema, começa a busca por informações para preencher a lacuna percebida, o que configura o segundo estágio do processo decisório de consumo. De início, pode-se ativar a memória e procurar lembrar experiências anteriores com produtos ou marcas da categoria em questão. Essa fase é chamada de *busca interna*, que pode ser suficiente para produtos comprados com frequência, como café ou lâminas de barbear. Alternativamente, um consumidor pode empreender uma *busca externa* de informações. Isso acaba sendo necessário quando a experiência prévia ou o conhecimento das alternativas são insuficientes, quando o risco de tomar uma decisão de compra errada é alto, ou quando o custo de reunir informações é baixo. As fontes primárias de informações externas são:

- *fontes pessoais* — parentes, amigos ou especialistas conhecidos em quem se confia;
- *fontes públicas* — instituições como a Associação Brasileira de Defesa do Consumidor (Associação Pro Teste), publicações especializadas como *Consumidor Moderno* ou revistas que trazem matérias comparativas, como *4 Rodas* ou *Casa Cláudia*;
- *fontes instituídas pelo pessoal de marketing* — interação com vendedores, *test drives* de automóveis, demonstrações de aparelhagens de som ou ainda degustações de vinhos em pontos de venda.

Quanto mais intangível for o produto em questão, ou seja, quanto mais difícil for experimentá-lo previamente ao consumo, mais tempo o consumidor tende a despender nessa etapa do processo decisório.

Suponha que você esteja considerando a possibilidade de comprar um notebook. Você provavelmente irá recorrer a várias dessas fontes de informações: amigos e parentes que usem esse tipo de equipamento, anúncios de notebooks e sites de venda direta, ou ainda lojas que dispõem desse produto, estas últimas com a vantagem de permitir demonstrações. Você pode ler atentamente a avaliação comparativa dos notebooks publicada no último número da revista *Consumidor Moderno* ou ainda na *PC World Magazine* que um amigo lhe emprestou.

Avaliação de alternativas: definindo o valor

O estágio de busca de informações esclarece o problema para o consumidor porque: a) sugere critérios para orientar a compra; b) cria um conjunto de nomes de marcas que poderiam atender aos critérios; c) desenvolve as percepções de valor do consumidor.

Que critérios de seleção você usaria para comprar um notebook? Você privilegiaria o preço, o *design* exterior, o tempo de garantia, a presença física do fabricante no Brasil, ou alguma combinação desses e outros critérios?

É provável que parte das informações reunidas seja inadequada porque não contém todos os fatores que você levaria em conta ao avaliar notebooks. Chamam-se tais fatores de critérios de avaliação do consumidor, que representam tanto os atributos objetivos (como presença física do fabricante no Brasil) quanto os subjetivos (como prestígio da marca) que você usa para comparar as diferentes alternativas. As empresas voltadas para o marketing procuram identificar os dois tipos de critérios mencionados, de modo a capitalizar valor para você da melhor forma possível. Com frequência, esses critérios são o centro das mensagens de propaganda.

Os critérios de avaliação de marcas mudam constantemente. Sabendo disso, as empresas realizam pesquisas para identificar os conjuntos de critérios de avaliação mais importantes empregados pelos consumidores quando comparam marcas. Por exemplo, entre os diversos critérios possíveis de avaliação de notebooks, suponha que você use três quando está diante das marcas disponíveis: a) preço entre R$ 5 mil e R$ 7 mil; b) monitor de matriz ativa de pelo menos 14 polegadas; c) garantia total de pelo menos dois anos, incluindo seguro contra mau uso.

Tais critérios estabelecem as marcas no conjunto por você evocado — o grupo de marcas consideradas aceitáveis entre todas as marcas por você conhecidas que integram a classe do produto. Usando seus três critérios de avaliação e considerando todo o conjunto de informações que conseguiu obter, restam, por exemplo, seis modelos de notebooks em seu conjunto evocado. Se esse grupo de configurações for insatisfatório por algum motivo não considerado quando você efetuava o processo de seleção, você pode ajustar os critérios de avaliação para criar outro conjunto evocado de modelos.

Decisão de compra: adquirindo valor

Depois de examinar as alternativas do conjunto evocado, já se está praticamente pronto para tomar uma decisão de compra (Schiffman e Kanuk, 2000). Contudo, três escolhas ainda devem ser feitas: a) de quem comprar; b) quando comprar; e c) como pagar.

No caso de um produto relativamente caro para a maioria das pessoas como um notebook, o processo de busca de informações provavelmente envolve um certo dispêndio de tempo e energia, visitas a lojas, exame minucioso de catálogos de diferentes marcas, leitura de revistas que tragam informações sobre notebooks ou o acesso de sites de possíveis fornecedores. A seleção do fornecedor depende de aspectos como condições de venda, a eventual experiência passada do indivíduo de compra naquela empresa, a localização dos pontos de venda do fornecedor e sua política de troca. Com frequência, uma decisão de compra implica a avaliação simultânea tanto dos atributos do produto quanto das características da empresa vendedora. Por exemplo, se você levar em conta a intensa movimentação física do notebook que você possui hoje e o consequente maior risco de avaria, você pode escolher o segundo modelo mais caro de um fabricante japonês que ofereça garantia de três anos em território nacional por meio de *joint ventures* com empresas brasileiras, em vez de optar por outra marca cujos produtos são montados no Brasil, mas que implementa políticas de garantia mais conservadoras.

A decisão de quando comprar é em geral determinada por vários fatores. Por exemplo, você pode comprar de imediato se a sua marca e modelo preferidos estiverem em promoção ou se o vendedor lhe oferecer um desconto. Outros fatores, como a atmosfera da loja, o prazer da experiência de compra, a capacidade de persuasão dos vendedores, a premência de tempo e circunstâncias financeiras também afetam a rapidez da tomada de decisão de compra. Alguns fatores ambientais, exógenos, podem postergar uma decisão, como uma alta do dólar, por exemplo, que contribui para elevar as taxas de juros e aumenta o preço dos produtos que usam insumos importados, como é o caso da maioria dos notebooks.

Quanto às formas de pagamento, hoje a oferta de crédito para aquisição de produtos de consumo duráveis e não duráveis é crescente no Brasil, tanto por meio de financiamento direto concedido pelos varejistas quanto por meio do serviço de bancos e financeiras ligados às empresas vendedoras. A possibilidade de parcelar uma compra, em especial quando se trata de um valor relativamente alto, pode fazer toda a diferença entre comprar e não comprar. Portanto, no processo de viabilização do consumo, procura-se avaliar as taxas de juros estabelecidas pela empresa vendedora, implícitas ou explícitas, e decidir se vale a pena pagar um valor adicional em troca da antecipação da compra.

A tecnologia da informação está realizando uma verdadeira revolução no processo decisório de consumo. A compra por meio do computador, ou a compra *online*, baseia-se na tecnologia da internet na etapa de busca de informações, na avaliação de alternativas e na tomada de decisão de compra. Essa tecnologia também facilita a personalização das ofertas de acordo com as necessidades específicas dos indivíduos, aumentando o valor e a satisfação da clientela, sem contar que joga por terra barreiras de tempo e espaço para se acessar, comparar e comprar produtos.

Comportamento pós-compra: valor no consumo ou no uso

Após comprar um produto, compara-se seu desempenho com as expectativas anteriormente nutridas sobre ele e se fica satisfeito ou insatisfeito. Se o comprador fica insatisfeito, os profissionais de marketing precisam descobrir se o produto era de fato deficiente ou se as expectativas do cliente eram por demais elevadas. A deficiência do produto pode exigir uma mudança no projeto. Mas se as expectativas do comprador eram muito altas, talvez a propaganda da empresa ou o vendedor tenham exagerado na descrição das características e na exaltação das vantagens do produto.

O grau de envolvimento com o que se consome e/ou a experiência de uso do cliente são extremamente importantes na sua percepção de valor. Por exemplo, a Transeuropa, uma agência de turismo carioca que também desenvolve atividades de operadora, posicionou-se fortemente no atendimento do público de terceira idade. Tal decisão foi tomada na década de 1970, já antevendo a tendência de envelhecimento da população, que é tão clara em qualquer análise demográfica hoje realizada. Cobrando preços entre medianos e elevados, tal agência dispõe de um portfólio variadíssimo de roteiros ao redor do mundo, de modo a ter sempre um novo destino atraente para seus clientes fiéis. Desde que se posicionou de forma a atender à terceira idade, a Transeuropa treina suas equipes de atendimento e guias de turismo para dar atenção especialíssima aos passageiros idosos e aposentados (ou pensionistas), frequentemente carentes da atenção dos filhos de 30, 40 ou 50 anos, que trabalham enlouquecidamente para ganhar a vida. O resultado dessa combinação é uma incrível recorrência de 90% nos grupos que viajam por essa agência. Ou seja, 35 dos 40 passageiros de um determinado ônibus fretado pela empresa para fazer um roteiro de quatro semanas pela Escandinávia e pela Europa oriental viajam pelo menos pela segunda vez com a Transeuropa. Melhor ainda, cerca de 40% dos passageiros desse mesmo ônibus já viajaram com a empresa pelo menos cinco vezes. É gente que economiza disciplinadamente para viajar com regularidade e confia suas férias aos profissionais experientes que a atendem de modo especial, clientes que passam a dar importância decrescente à variável preço, justamente porque percebem valor inequívoco nos serviços que estão comprando.

Ainda nesse contexto, um estudo sobre os serviços de telefonia interurbana indica que a satisfação e a insatisfação afetam as percepções de valor dos usuários, influenciando a interpretação das comunicações de marketing e o comportamento de compra repetida do consumidor. Compradores satisfeitos contam sua experiência para um certo número de pessoas. Compradores insatisfeitos reclamam para um número de pessoas três vezes maior. Os compradores satisfeitos também tendem a voltar ao mesmo vendedor cada vez que surge uma ocasião de compra. Considerando os resultados financeiros das empresas vendedoras, o impacto positivo do comportamento de compra repetida é relevante. Como consequência, grandes e pequenas empresas concentram atenção no comportamento de pós-compra de seus clientes, visando a maximizar a sua retenção, oferecendo-lhes ótimos pacotes de satisfações. Observa-se uma verdadeira profusão de linhas telefônicas 0800 de chamada gratuita, bem como tem sido cada dia mais frequente a instituição de políticas de troca e reembolso facilitados. As equipes de atendimento e venda jamais foram tão treinadas para lidar com reclamações, responder a perguntas e registrar sugestões. Tais esforços subsidiam comunicações positivas pós-compra entre os consumidores e contribuem para a construção de um relacionamento entre vendedores e clientes.

O consumidor dispõe, cada vez mais, de um número maior de opções muito atraentes, como notebooks Dell, Compaq, IBM ou Toshiba. Se escolhe o Toshiba, pode pensar: "Será que eu deveria ter comprado o Dell?". Esse sentimento de tensão ou ansiedade psicológica pós-compra é um exemplo de *dissonância cognitiva*, tal como visto no capítulo 2 deste livro e aprofundado por Rocha e Christensen (1999). Para aliviá-lo, os consumidores frequentemente tentam se congratular por terem feito a escolha certa. Assim, após a compra, podem buscar informações para confirmar o acerto de suas escolhas, perguntando aos amigos coisas como: "Você não gostou do meu notebook?"; ou lendo anúncios da marca que escolheram. Podem até mesmo procurar informações negativas sobre a marca que não compraram e decidirem que o sofisticado sistema de garantia da Dell, que teria sido classificado como excelente, era de fato motivado por uma fragilidade crônica de seus produtos. Empresas como a Fiat ou a Volkswagen, entre outras, costumam veicular anúncios com o propósito de assegurar a seus clientes que sua escolha foi correta, ou ainda efetuam ligações telefônicas de *follow-up* nesse estágio de pós-compra para tentar convencer os compradores de que eles não poderiam ter tomado melhor decisão.

Ponto de venda e o processo decisório de compra

O *layout* do ponto de venda, aliado à exposição dos produtos e à atmosfera geral do ambiente do varejo, são fatores que condicionam fortemente o comportamento de compra.

Por isso, dedicaremos a segunda metade deste capítulo a uma investigação mais a fundo desses dois conjuntos de fatores bastante relacionados no projeto consciente de lojas em diversos segmentos.

Influência do layout

A influência do *layout* sobre as vendas no varejo pode ser tão forte quanto a de fatores externos, como intensidade da concorrência ou instabilidade econômica. A falta de atrativos na aparência de uma loja ou mesmo um arranjo inadequado, que dificulte a compreensão mais ampla do que se pode obter naquele ponto de venda, pode ser a grande explicação para a resistência do consumidor. Seções mal localizadas, falta de informações sobre preços e disposição de produtos e mobiliário malfeita podem repelir um cliente em potencial, comprometendo os resultados finais do negócio. Para resolver a questão, existem profissionais especializados em identificar o melhor *layout*, caso a caso, devidamente atrelado a métricas periódicas. Essa análise varia segundo o tipo de negócio e o público-alvo. Mas algumas orientações são básicas quando a questão é fazer o consumidor certo entrar na loja, tópico tratado em profundidade por Underhill (2009).

A lógica do *layout* pode ser aplicada tanto a shopping centers quanto a lojas isoladas. Em ambos os casos, no coletivo ou no individual, um dos principais desafios é mostrar claramente ao cliente o que cada loja tem a oferecer. No caso dos shoppings, aglomerados de varejo em geral decorrentes de muito planejamento, é preciso mais do que fazer o cliente ultrapassar a linha divisória do corredor. Considerando que a taxa média de conversão de *prospects* em clientes é inferior a 20%, há que se atentar para a importância do ponto de venda a fim de melhorar essa estatística. Um recurso muito utilizado é avançar o revestimento do piso do corredor do shopping para a chamada "faixa de aterrissagem" do consumidor na loja (primeiros metros além da linha divisória que separa a loja do corredor). Isso leva o consumidor a entrar na loja, muitas vezes sem se dar conta, o que abre caminho para que outras ações do varejista possam ser iniciadas.

Já o número de peças expostas e a intensidade da iluminação dependem do público-alvo. Em geral, vitrines com muitos produtos e iluminação forte oferecem produtos mais populares, de menor preço. Produtos selecionados e iluminação sutil direcionam as vendas para consumidores mais refinados e exigentes. Entretanto, não existe uma fórmula única que solucione todos os problemas, devendo cada caso ser analisado separadamente, já que produtos e consumidores variam muito.

Em lojas de vestuário, o posicionamento dos provadores é crucial. As áreas usadas para experimentar roupas ficam muito movimentadas, principalmente em épocas de liquidação. Portanto, é importante que fiquem distantes do balcão do caixa, lugar de grande circulação de pessoas. Essa estratégia oferece maior conforto ao cliente e mais segurança ao lojista. No ramo da alimentação, por sua vez, a palavra de ordem do *layout* é conforto. Há anos, acreditava-se que quanto menos tempo o cliente passasse no local, melhor, pois isso aumentaria a rotatividade de clientes e, consequentemente, o faturamento da empresa. Hoje, aposta-se mais em assentos confortáveis e em mesas espaçosas para que as pessoas se sintam à vontade, consumam mais cada vez que vão àquele varejo e, se satisfeitas, voltem sempre.

Diversas pesquisas já publicadas revelam que os clientes tendem a se encaminhar para o lado direito quando entram em uma loja, gerando um macrofluxo no sentido anti-horário, o que deve ser levado em conta na localização das seções (Parente, 2000). Produtos de compra planejada, como carne para churrasco ou mobília infantil, podem ser posicionados em locais da loja de acesso mais difícil — fundo da loja, pisos superiores ou até no subsolo —, pois seus compradores estão dispostos a um deslocamento maior para encontrá-los. O contrário se aplica aos produtos comprados por impulso, como lâminas de barbear, revistas e bombons, que devem estar dispostos em áreas de fácil acesso e visualização imediata, pois serão mais comprados se forem vistos mais facilmente. O caminho dos *checkouts* dos supermercados ou das Lojas Americanas é recheado desse tipo de produto, tirando partido do tempo de permanência dos consumidores nas filas dos caixas. Já as mercadorias de compra comparada, como vinhos ou queijos, devem ocupar corredores mais largos, de forma que as pessoas possam se postar em frente das gôndolas ou *displays* sem interromper o fluxo dos demais compradores que se dirigem a outras seções.

As Apple *stores* constituem outro bom exemplo de *layout* inteiramente afinado com o posicionamento dos produtos vendidos: os iPods, iPhones, notebooks e desktops Apple e acessórios diversos. Partindo do conceito da *Mac Experience* (Experiência Mac), as amplas lojas da marca são projetadas para deixar o *prospect* inteiramente à vontade para passar o tempo que desejar experimentando (ou experienciando) o produto, 24 horas por dia. As lojas não fecham. São grandes bancadas cheias de todos os modelos de notebooks e desktops, ligados e conectados à internet, com dezenas ou centenas de pessoas testando funcionalidades, aprendendo as vantagens e se apaixonando pelo produto. Boa parte das lojas Apple ainda é provida de um auditório em que especialistas no hardware e no software dão cursos e palestras inteiramente gratuitos aos interessados em aprender mais sobre as melhores funcionalidades do seu Mac. A equipe de atendimento é um capítulo à parte, pois é constituída por jovens experientes no produto e que, com muita simpatia, orientam os *prospects* e clientes sobre as soluções mais adequadas e as melhores relações custo/benefício da linha oferecida pela empresa. No ponto de venda, é tudo muito fácil e simples, exatamente como deve ser a *Mac Experience*.

Por fim, quando se elabora o *layout* de instalações de varejo, é importante lidar com alguns *trade-offs* relevantes, como as áreas destinadas à recreação infantil, para filhos ou netos de compradores. Com base no conhecimento que têm do processo de compra de seus clientes, as Disney *stores*, por exemplo, destinam uma área bastante razoável de suas lojas a charmosos cibercafés voltados para crianças, com jogos e outras brincadeiras eletrônicas. A redução da área destinada à exposição dos produtos, o que diminuiria o faturamento das lojas, é mais do que compensada pela tranquilidade que gera nos pais ou avós compradores, que podem se deslocar pela área de vendas e abastecer seus carrinhos ou cestas de compras sem se preocupar em vigiar crianças inquietas e impacientes, cuja movimetação foi devidamente neutralizada pelos jogos eletrônicos. Crianças não se interessam por casacos de moletom, mas adoram jogos eletrônicos. Por sua vez, pais e avós mais tranquilos compram mais, e este é o princípio básico que norteia a decisão pelos cibercafés. Para não comprometer a atmosfera geral de encantamento típica das lojas Disney, toma-se o devido cuidado com os detalhes: os banquinhos em que as crianças se sentam nos terminais de jogos reproduzem os fundilhos das calças do Mickey!

Influência da atmosfera de loja

Em tempos de crescimento do comércio eletrônico, um meio de atrair consumidores para as lojas é investir em experiências sensoriais que transformem o ato da compra no mais agradável e prazeroso momento possível. Para estabelecer uma sintonia fina com o comprador é preciso conhecê-lo profundamente — não só sua faixa etária ou classe social, mas a "tribo" a que pertence, seu estilo de vida, preferências, gostos. A partir desse conhecimento, constrói-se a identidade da loja, que passa a ser expressa em tudo, da fachada à sacola, da vitrine ao som ambiente.

Os projetos de ponto de venda têm cada vez mais procurado exalar emoção, sedução, sendo produzidos por arquitetos especializados e coordenados por consultores igualmente especialistas nesse campo. Para criar esse clima de emoção e envolvimento, valem todos os recursos, o que inclui o chamado *branding* musical, que consiste em produzir trilhas sonoras cuidadosamente selecionadas ou até mesmo compostas sob medida de acordo com o perfil e a preferência do público-alvo atendido pela marca.[6] Empresas de varejo e de serviços vêm também investindo em *branding* floral, em que o trabalho paisagístico, tanto de interiores quanto de áreas externas, ganha o refinamento de inspirar os valores principais da marca, seu posicionamento, confirmando todo o conjunto de imagens que se formam na cabeça do consumidor quando este entra em contato com o produto.

Já que mencionamos flores, outro recurso para envolver emocionalmente o consumidor são os aromas. Algumas marcas colocam essências exclusivas no sistema de ar-condicionado de suas lojas para difundir um perfume próprio do estabelecimento. No segmento específico de vestuário, outras empresas borrifam lavandas suaves enquanto passam as roupas que vão para os estoques das lojas, de modo a impressionar o olfato de seus clientes no momento da prova. Tomando cuidado para fugir de extremos perigosos, estas e outras práticas inserem-se no

[6] Ver <http://www.indianmba.com/Faculty_Column/FC419/fc419.html>, acesso em 30 mar. 2011.

objetivo de criar situações em que o consumidor viva experiências agradáveis dentro da loja, atraindo, revelando produtos, divertindo e, importantíssimo, vendendo.

A loja Nike Town, de Chicago, tem um enorme aquário atrás das prateleiras, o que contribui para transformar o ato de consumir em entretenimento. Ao se comprar um tênis ou qualquer outro item da extensa linha de produtos da marca, tem-se uma nova experiência de consumo, que inclui apreciar o movimento da bela coleção de exóticos espécimes marinhos. O conceito da Nike implica criar uma história inspirada nas necessidades de um atleta por trás de cada calçado, roupa ou equipamento. A empresa investe na transformação do ato de compra em uma experiência educativa. Suas lojas têm fotos de pessoas fazendo esportes, em situações de prazer, além de trazerem informações sobre o esporte. O cliente sai da loja com seu repertório de informações enriquecido, quase algo assim como visitar um museu. Em painéis com textos e fotos, é possível comunicar didaticamente a qualidade dos produtos oferecidos aos clientes.

Alguns pontos de venda se assemelham cada vez mais a ambientes familiares, ficando mais parecidos com as casas de seu público-alvo, ou pelo menos com as casas que este desejaria ter. Assim, enquanto poltronas e sofás oferecem um ambiente de sala de estar, o espaço para o café faz as vezes de uma copa doméstica, isto é, um local para encontros rápidos que, em algumas lojas, ganha apelos extras, como receitas exclusivas de bolos ou canapés. A fim de proporcionar o máximo de conforto durante a permanência na loja, vale até distribuir, estrategicamente, cabides para as pessoas pendurarem seus casacos e bolsas, garantindo-lhes segurança.

No tocante às equipes de atendimento, peças fundamentais — e vivas — de qualquer ambientação de consumo, é essencial que se tome o cuidado de manter a sintonia com o público, o que significa não se posicionar nem acima, nem abaixo dele. Desempenhando cada vez mais o papel de especialista no produto vendido, o atendente deve ter um perfil que se aproxime o quanto possível de sua clientela. Nem menos, para não ficar em desvantagem, nem mais, para não passar arrogância. É importante que haja um repertório razoavelmente comum de experiências entre quem compra e quem vende, justamente para preencher uma eventual abertura de espaço para a conversa na interação de venda. Marcas de luxo como a Louis Vuitton chegam a investir somas apreciáveis no treinamento de seus vendedores, levando-os para jantar em restaurantes caríssimos e a se hospedar em hotéis de alto padrão para que eles ganhem referências sobre sofisticação que lhes permitam interagir com sua clientela com mais naturalidade. A Daslu, em São Paulo, ficou conhecida por empregar vendedoras oriundas da Classe A+, jovens filhas do melhor da sociedade paulistana, justamente para facilitar a interação com sua clientela igualmente sofisticada. Cabelo, maquiagem, roupa e maneiras, tudo deve ser harmoniosamente composto para gerar sintonia e promover a identificação do público. A ambientação física deve ser mantida dentro do mesmo equilíbrio, para não intimidar nem frustrar expectativas.

O pleno conhecimento dos processos que se passam no íntimo do público-alvo é uma premissa para tocar qualquer negócio, mas esse saber deve ser atualizado e recalibrado constantemente. Vivemos em uma época de mudanças frequentes, em que o perfil do consumidor se modifica muito depressa. Além disso, o dinheiro tem mudado de mãos, gerando novos padrões tanto nos segmentos ascendentes quanto nos descendentes. Partindo-se de uma definição clara e atualizada do público-alvo, é possível definir o conceito de um empreendimento e ir além dos substantivos e passar aos adjetivos, que balizam diversas escolhas do projeto, como fachada, vitrine, *layout* interno, móveis, iluminação, sinalização etc. Esses elementos devem ser pensados de forma global, para que o consumidor identifique facilmente seu estilo de vida com o ponto de venda. E quanto maior a ligação entre os elementos, mais forte será a identidade da loja, como é o caso do Planet Icecream, sorveteria do Playcenter, em São Paulo, que expressa a ideia do "maravilhoso mundo do sorvete".

Trabalhar com um conceito muito preciso não significa necessariamente gastar mais. Pode-se ter uma loja de tênis de 22 m^2, com piso de cimento queimado, prateleiras de aço hiperbanais e baratas, e o conjunto ficar ótimo, porque atende aos objetivos. Projetos bons não são necessariamente caros, letreiros bons nem sempre são grandes, assim como lojas bonitas nem sempre são boas e rentáveis. Há lojas maravilhosas que não se pagam. Nelas, vê-se de tudo, menos o produto, o que não sustenta a proposta. Se encararmos a loja como um palco com cenário, não podemos nos esquecer de que os produtos são os atores que contracenam no cenário, e de que ninguém paga um ingresso de teatro apenas para ver um belo cenário, por melhor e mais sofisticado, interessante e pirotécnico que seja.

O destaque dos produtos começa desde a vitrine, que tem assumido formatos alternativos, como as chamadas "vitrines totais", em que, de fora, o consumidor vê até as prateleiras do fundo da loja. O conceito foi empregado no Empório Chiappetta, em São Paulo, ou ainda nas lojas da Build a Bear, rede norte-americana que está se instalando no Brasil como cadeia de oficinas de produção de ursos de pelúcia personalizados. As vitrines totais têm a vantagem de revelar explicitamente ao exterior todo o processo que se dá no interior da loja, inspirando à compra, embora haja também os defensores das vitrines que não revelam tudo, mas suscitam a curiosidade de entrar no ponto de venda, abrindo espaço para a atuação da equipe de atendimento.

É crescente a utilização de quadros e outros elementos planos com fotos, gravuras ou até mesmo pinturas, que ajudam a compor uma atmosfera de subjetividade, que capture a emoção e se comunique com o inconsciente do consumidor, envolvendo o produto numa aura de encantamento. Outra maneira de criar atmosfera é através da iluminação, idealizada e executada por profissionais da área, frequentemente com experiência em artes cênicas, fugindo da iluminação uniforme em favor do destaque seletivo das mercadorias, o que cria nichos dramáticos de atenção.

As embalagens e sacolas também têm um papel importante na composição da experiência de compra, atuando no processo decisório de consumo como a cereja do bolo. As sacolas funcionam como pequenos *outdoors*, que saem por aí informando ao mundo passante um pouco sobre quem as carrega, o que vale tanto para grifes de alto luxo, como Prada e Chanel, quanto para marcas descoladas como a Osklen ou ainda para as jovens, como Abercrombie & Fitch. Já passou o tempo em que o papel da embalagem restringia-se a proteger o produto durante o transporte ou a armazenagem. Hoje, as embalagens — tão segmentadas quanto uma linha de produtos — constituem ferramentas importantes de comunicação, fortemente atreladas à mercadoria que se está comprando e redutoras de dissonância cognitiva, o que deve ser trabalhado com muita atenção.

Por fim, reforçando a premissa do projeto de arquitetura e *design* de lojas como ferramenta de vendas, cabe observar que as organizações varejistas estão cada vez mais tirando partido da sinergia entre os produtos. Há anos, comprava-se a picanha em um lugar, o carvão em outro e o sal grosso em um terceiro. Hoje, cada vez mais empresas lançam mão do chamado gerenciamento de categoria, em que o *mix* de produtos da loja e, consequentemente, sua exposição seguem a lógica e as conexões mentais que os consumidores realizam quando estão tentando atender a determinada necessidade. As empresas que adotam esse princípio ajustaram sua lógica de compras e exposição de produtos, passando para o outro lado do balcão e exercitando a lógica e a ótica de seus clientes.

É consenso entre os arquitetos e especialistas em varejo que o setor vive um momento de transição. As compras por TV a cabo, por catálogo e, em especial, pela internet são relativamente recentes e crescem a um ritmo muito acelerado. Hoje já incluem até mesmo produtos que o consumidor precisa experimentar, estimulando o cliente online a medir dimensões corporais, como cintura e comprimento das pernas, que são confrontadas com medidas informadas ao lado dos produtos. No entanto, parece ser também aceito por todos que o advento das compras virtuais não vai acabar com as lojas "de cimento e tijolo", pois só elas permitem o prazer do verdadeiro encontro, do convívio e das sensações.

Agora que já traçamos um quadro nítido do processo decisório de consumo final, de pessoas comprando para si ou para suas famílias, vamos acrescentar alguns níveis de complexidade ao modelo, abordando influências ambientais, organizacionais e interpessoais, todas muito importantes para compreender o comportamento do consumidor organizacional — o tema do capítulo 4.

4

O comportamento do consumidor organizacional

O estudo do comportamento do consumidor não trata apenas dos processos envolvidos na aquisição de bens e serviços por parte de indivíduos, denominados *consumidores finais*; também abrange os processos de compra de bens, serviços, matérias-primas ou insumos integrantes da cadeia de produção de determinados bens ou serviços, empreendidos por clientes institucionais e organizacionais, denominados *consumidores organizacionais*. Apesar dessa distinção, muitos conceitos e ferramentas utilizados na análise da compra dos consumidores finais têm estreita relação com a compra organizacional, uma vez que ambas as situações podem ser entendidas como processos em que pessoas tomam decisões.

Segundo Telles (2003), a atividade de marketing pode ser dividida em duas vertentes principais: o *marketing de bens de consumo*, direcionado para indivíduos ou famílias que compram bens e serviços para consumo próprio, e o *marketing empresarial ou organizacional* (outrora denominado industrial), voltado para empresas e instituições que adquirem bens e serviços que integram sua cadeia produtiva, e que são parte constitutiva da oferta de seus próprios produtos, tanto para consumidores finais quanto para outras empresas.

Este capítulo trata do comportamento do consumidor organizacional, discutindo o conceito e os objetivos da compra organizacional, suas características e diferenças em relação à compra do consumidor final. Além disso, analisa os estágios da compra organizacional, abordando os tipos de compras organizacionais, e detalha os determinantes do processo de compra organizacional.

Conceito e objetivos da compra organizacional

Limeira (2008:354) define o *cliente organizacional* ou *empresarial* como o "conjunto de empresas comerciais e industriais, organizações governamentais e não governamentais, com ou sem fins lucrativos, que demandam produtos e serviços para atender a necessidades operacionais e estratégicas".

A necessidade imperiosa das empresas de cortar custos aliada à busca de patamares elevados de qualidade para seus produtos e serviços, à diferenciação e à oferta de valor diante da concorrência tornam a compra organizacional um elemento crucial no processo estratégico das empresas.

Entende-se por *compra organizacional* o processo de tomada de decisão, por parte de uma organização, que envolve a identificação, a avaliação e a escolha de marcas e fornecedores disponíveis, objetivando atender às suas necessidades operacionais de bens e serviços (Samara e Morsch, 2005).

A compra organizacional ocorre em um cenário de negócios denominado *mercado organizacional*, composto por todos os atores (compradores e vendedores) envolvidos no processo de oferta e aquisição de bens e serviços organizacionais. Segundo Samara e Morsch (2005), os clientes organizacionais podem ser classificados em quatro grandes categorias:

- *produtores* — organizações que adquirem produtos que serão usados na produção de outros bens (por exemplo, empresas de cosméticos que adquirem insumos para a produção de batons e cremes para a pele) ou em suas operações regulares (por exemplo, empresas do setor de alimentação que adquirem embalagens cartonadas para acondicionar seus produtos);
- *revendedores* — também conhecidos como intermediários, são os que adquirem produtos de outras empresas e os repassam para os demais consumidores, obtendo lucro (por exemplo, supermercados, redes de varejo de eletroeletrônicos, sites de comércio eletrônico);
- *governos* — órgãos da administração pública federal, estadual e municipal, autarquias federais e empresas de economia mista que adquirem produtos e serviços não só para atender às suas necessidades internas, como também para proporcionar a oferta de serviços públicos a seus cidadãos contribuintes (por exemplo, sistema público de saúde, redes estaduais e municipais de educação, previdência social e assim por diante);
- *instituições em geral* — organizações sem fins lucrativos, como instituições educacionais, comunitárias, confessionais ou organizações não governamentais, que adquirem produtos e serviços a fim de atender às próprias necessidades diárias de consumo.

Os objetivos do processo de compra organizacional são os seguintes: proporcionar a manutenção dos suprimentos necessários ao processo produtivo; evitar desperdícios, obsolescência e a duplicação de materiais; garantir um nível mínimo de estoque que propicie segurança ao processo produtivo; manter os padrões de qualidade; permitir que a empresa obtenha um posicionamento competitivo; e adquirir produtos e serviços ao menor custo possível, sem perder de vista a qualidade e a finalidade necessárias ao processo de compra (Siqueira, 2005).

Os tipos de produtos e serviços envolvidos na compra organizacional abrangem um amplo espectro, tanto pela natureza quanto pela complexidade dos bens a serem adquiridos. Segundo Limeira (2008), os bens adquiridos em uma compra organizacional podem assim ser elencados: insumos e matérias-primas, peças e componentes, equipamentos e bens de capital, instalações físicas, serviços operacionais ou de apoio à tomada de decisão, além de recursos financeiros ou humanos.

Características da compra organizacional

Por sua complexidade e pelo número de atores envolvidos no processo decisório, a compra organizacional possui algumas características que a tornam bastante peculiar em comparação ao processo de compra do consumidor final.

Primeiro, as compras organizacionais são de maior valor, apesar da quantidade menor de consumidores, quando comparada ao número de consumidores finais. Se, por um lado, isso torna a concorrência mais acirrada, já que o número de clientes a serem atendidos é menor, por outro, permite uma compreensão maior das necessidades específicas da demanda organizacional. Autores como Peppers e Rogers (2001) entendem que as ferramentas do marketing de relacionamento podem ser aplicadas de maneira mais eficaz no âmbito da compra organizacional, dada a possibilidade de estabelecer um relacionamento estreito, profundo e customizado entre o fornecedor e o comprador. Sem sombra de dúvida, isso facilita sobremaneira o trabalho dos profissionais de marketing e de vendas.

Segundo, as decisões organizacionais são mais racionais, mais formais e mais complexas do que as decisões tomadas pelo consumidor final. São racionais porque a atitude dos compradores é guiada por elementos que envolvem uma análise de custo/benefício, em geral englobando o trinômio qualidade, preço e prazo (Siqueira, 2005). A complexidade da compra organizacional justifica-se pelo fato de que, na grande maioria das vezes, a aquisição de bens, serviços, insumos e equipamentos exige estudos de viabilidade econômica e técnica, além da avaliação dos atributos funcionais dos produtos a serem adquiridos. Por fim, as compras são mais complexas por envolverem um conjunto maior de indivíduos em seu processo decisório. Em geral, esses diferentes atores assumem diferentes papéis em diferentes situações, sendo os papéis mais frequentes os de decisores, influenciadores, aprovadores e consultores internos. Invariavelmente, o número maior de atores envolvidos acaba transformando a compra organizacional em um processo meticuloso, demorado, cuja responsabilidade é difusa e diluída entre os participantes e, em casos específicos, marcada pela presença de especificidades burocráticas e legais, como no caso dos processos licitatórios frequentes nas compras governamentais.

Apesar disso, é preciso compreender que outros fatores interferem no processo decisório da compra organizacional, especialmente os de natureza intangível, como a cultura organizacional e a ação dos diferentes atores corporativos que influenciam nas decisões organizacionais de compra. Tudo isso indica que as decisões de compra organizacional também sofrem a influência de elementos subjetivos, presentes na mente dos diferentes influenciadores corporativos (Hawkins, Mothersbaugh e Best, 2007).

No âmbito das compras corporativas, Romeo (2008) identifica a presença de três tipos de influenciadores: o econômico, o técnico e o usuário. *Influenciadores econômicos* são aqueles atores corporativos que têm o poder efetivo de veto e aprovação das compras organizacionais. Seu foco é sempre o retorno dos investimentos, uma vez que se preocupam com o resultado final da compra e com os impactos desta no desempenho da organização. Os *influenciadores técnicos* analisam as soluções disponíveis no mercado e se estas atendem aos padrões e especificações a serem satisfeitos na compra corporativa. Normalmente, são profissionais da empresa compradora que possuem algum tipo de *expertise* técnica relacionada com a necessidade de compra, como engenheiros, profissionais de tecnologia da informação e outros tipos de especialistas. Apesar de seu peso no processo decisório, diferentemente dos influenciadores econômicos, os influenciadores técnicos não têm poder de veto ao final da compra; eles exercem uma influência significativa em diferentes aspectos da negociação com os fornecedores, tais como preço, prazo de entrega, análise da qualidade, condições de fornecimento, entre outros. Os *influenciadores usuários* são todos os membros da empresa compradora que usam ou supervisionam os produtos e serviços a serem adquiridos. Normalmente, os usuários entram em ação após a compra ter sido efetuada, tendo um papel irrelevante durante o processo decisório da compra organizacional. No entanto, dada a sua atuação no dia a dia da empresa compradora, suas opiniões e avaliações dos produtos e serviços adquiridos influenciam as decisões de compras futuras.

Terceiro, o papel da força de vendas é de fundamental importância na compra organizacional. Tal visão ganhou importância nos últimos anos dada a ascensão da abordagem de *relacionamento* no marketing, em detrimento da abordagem tradicional de *transação*. A última visão, predominante durante as décadas do marketing industrial após a II Guerra Mundial, privilegiava fatores como baixo preço, qualidade e tempo certo, considerando-os centrais nas decisões de compra corporativas. A visão de relacionamento emergiu como um paradigma alternativo, que privilegia a construção de relacionamentos de *longo prazo* entre compradores e fornecedores, a partir de um olhar fundamentado nas necessidades do cliente organizacional. É lugar-comum que os profissionais de vendas organizacionais "arregacem as mangas" e trabalhem de maneira muito próxima a seus clientes corporativos, definindo problemas, gerando soluções de negócios, customizando suas ofertas de valor e oferecendo serviços de pós-venda. Dessa forma, o marketing de relacionamento busca o estabelecimento de relações de longo prazo entre compradores e fornecedores, diferentemente da perspectiva de curto prazo e ocasional que permeia o marketing de transação.

Dada a sua complexidade, a grande maioria das compras organizacionais tem impacto operacional e financeiro sobre os clientes, exigindo dos vendedores conhecimentos que vão além das especificações técnicas dos produtos, chegando às ferramentas de análise de viabilidade econômica e financeira de diferentes projetos corporativos. Sendo assim, os fornecedores acabam proporcionando a seus clientes vendas consultivas, em que os vendedores exercem diferentes funções, como "apresentação do produto ou serviço, aconselhamento do cliente sobre as melhores alternativas, elaboração de propostas técnicas e econômicas, negociação, fechamento da venda e elaboração de contratos de fornecimento, suporte ao cliente após a venda etc." (Limeira, 2008:355).

Por fim, a demanda organizacional deriva da demanda de bens e serviços por parte dos consumidores finais. Por exemplo, empresas que comercializam embalagens cartonadas para outras empresas têm a sua demanda influenciada pelo comportamento de compra dos consumidores finais que adquirem produtos embalados. Crises econômicas levam a uma retração do poder de compra dos consumidores finais, implicando a diminuição da compra de embalagens por parte das empresas. Essa derivação da demanda também pode estar atrelada a outra indústria.

Por exemplo, fabricantes de pneus têm a demanda por seus produtos parcialmente derivada da demanda de automóveis, que são entregues pelas montadoras com pelo menos cinco pneus cada. Se, por uma questão ambiental ou outra, a venda de automóveis novos cai, a indústria de pneus sente esse efeito na própria pele.

Diferenças entre as compras do consumidor final e do consumidor organizacional

Há uma série de diferenças entre a compra do consumidor final e as compras organizacionais. A principal delas, já mencionada, é que as compras organizacionais são mais complexas e têm mais componentes racionais e técnicos, haja vista o número de atores que influenciam o processo decisório. Além disso, as organizações pautam suas decisões de compra pela análise das especificações técnicas da oferta, a partir de suas necessidades, e pela avaliação objetiva da relação custo/benefício entre os diferentes fornecedores. Os principais critérios levados em consideração nas decisões de compra organizacionais, além do preço, são a qualidade do produto, a reputação da marca, as características técnicas, as condições de entrega e fornecimento, além do suporte técnico no pós-venda.

Samara e Morsch (2005) sistematizaram as diferenças entre as compras do mercado *business-to-business* (consumidores organizacionais) e *business-to-consumer* (consumidores finais) da seguinte maneira, conforme mostra o quadro 2.

Como já se viu, a demanda organizacional deriva da demanda do consumidor final, sendo a ausência desse fator um ponto bastante comum nos estudos do comportamento do consumidor organizacional. Um dos principais motivos da miopia de marketing na análise da demanda organizacional é a desconsideração das tendências e alterações do comportamento

Mas as compras organizacionais não são exclusivamente racionais. Fatores como a cultura e o clima organizacionais interferem nos estilos de compra e de negociação do cliente, e os vendedores organizacionais devem ter conhecimento do impacto desses fatores nas decisões de compra organizacionais. Além disso, fatores interpessoais e psicológicos como estereótipos, crenças e valores dos compradores, assim como fatores inerentes ao vendedor — idade, tempo de empresa, experiência —, também influenciam sobremaneira na dinâmica da compra organizacional.

Estágios da compra organizacional

Entendida como um processo mais complexo, demorado e mais racional do que as compras dos consumidores finais, a compra organizacional envolve também um conjunto de etapas sequenciais que, de uma maneira mais ampla, assemelha-se à primeira. Os estágios da compra organizacional são os seguintes: identificação do problema, descrição geral da necessidade, especificação do produto, busca de fornecedores, solicitação de propostas, seleção dos fornecedores, especificação da rotina de pedido e análise de desempenho. Vamos detalhar cada uma dessas etapas.

Identificação do problema

A grande maioria das compras surge de uma necessidade, de uma carência, geralmente como o reconhecimento de uma necessidade não atendida. Como já vimos, o início de uma compra organizacional em geral ocorre a partir de um problema que pode ser solucionado com a aquisição de um bem ou serviço específico. A decisão de lançar um novo produto pode requerer a compra de novos insumos ou novos equipamentos necessários para a sua produção. Crises econômicas conjunturais levam à necessidade de cortar gastos e otimizar custos, podendo, nesse caso, implicar a aquisição de um novo software de gestão empresarial. A necessidade de compreender os clientes e de segmentar o mercado para melhor atendê-los leva à necessidade de adquirir e implementar ferramentas de CRM (*costumer relationship management*). Vale lembrar que as necessidades de compra organizacional podem ter origem tanto interna (por um processo de reestruturação inerente à própria organização) quanto externa (como, por exemplo, alterações observadas no macroambiente de negócios).

Descrição geral da necessidade

Nem sempre as compras organizacionais são realizadas pelos setores que identificam a necessidade. Por ser um processo técnico, as organizações muitas vezes contratam profissionais especializados em compras, que se responsabilizam por estas, com vistas a atender a aspectos como racionalização do processo, maior agilidade, transparência e atendimento dos aspectos técnicos do produto, além da busca de preços mais em conta, sem perder de vista a garantia da qualidade requerida. Para tanto, é necessário fazer uma descrição geral da necessidade de compra, normalmente composta pelas características, especificações e quantidades do bem ou serviço a ser adquirido. Na grande maioria das vezes, profissionais de marketing organizacional agem em conjunto com a equipe de compras a fim de definir especificações adequadas do que vai ser adquirido ou contratado, bem como fornecer informações sobre as variações existentes no mercado.

Especificação do produto

Uma das etapas mais técnicas da compra corporativa, a especificação do produto a ser adquirido geralmente é desenvolvida em conjunto pelos compradores e pelos profissionais da área técnica, que podem efetuar estudos de viabilidade econômica e financeira para a aquisição do bem em questão. Questões como as características do produto, suas especificações técnicas, padrões de qualidade, além do custo, são levadas em consideração na análise de valor do produto, que irá nortear as posteriores etapas da decisão de compra. Também é comum nessa fase que o comprador corporativo defina variáveis como as condições de entrega — prazo, forma de transporte, periodicidade e quantidade (Samara e Morsch, 2005).

Busca de fornecedores

Após o estágio da especificação do produto, a organização entra em contato com os fornecedores que comercializam o produto em questão, normalmente utilizando RFPs (*requests for proposals*) ou cartas-convite: documentos emitidos pelo comprador detalhando as especificações técnicas do produto, as quantidades a serem adquiridas, o prazo de entrega, padrões de qualidade, preço e outras variáveis, além da intenção de compra por parte da organização. As consultas aos fornecedores podem ser feitas de maneira formal, via catálogos ou diretórios comerciais, ou informal, mediante visitas a feiras setoriais, conversas com representantes de vendas ou leitura de publicações especializadas, sendo de fundamental importância nessa fase o histórico de relacionamentos entre a empresa compradora e seus potenciais fornecedores. Os vendedores corporativos devem sempre estar atentos a esse processo, sendo as visitas de prospecção geralmente boas oportunidades para detectar processos de busca de fornecedores.

Solicitação de propostas

Em seguida, a organização espera que os fornecedores forneçam propostas técnicas e comerciais detalhadas, ou façam apresentações formais segundo as especificações determinadas pelos documentos de intenção de compra. Os profissionais de marketing organizacional das empresas vendedoras devem saber elaborar tais documentos, posto que estes não devem se restringir apenas a enumerar detalhes ou especificações técnicas, mas ser propostas de aquisição que levem em conta toda a estratégia de marketing da organização.

Seleção dos fornecedores

Segundo Hawkins, Mothersbaugh e Best (2007), essa fase é dividida em duas etapas. A primeira consiste na elaboração de uma lista de fornecedores aprovados que atendem às especificações técnicas da proposta elaborada pela organização compradora. Após essa primeira seleção, tem início um processo mais demorado e detalhado de avaliação e comparação das propostas técnicas e comerciais dos fornecedores selecionados.

À medida que aumenta o grau de formalidade da empresa compradora, independentemente do segmento de atuação, as compras corporativas são conduzidas pelos departamentos de compras, cujo principal objetivo é encontrar os melhores produtos a custos mais baixos, sem abdicar dos padrões mínimos de qualidade. Entretanto, por mais que seja um setor específico da empresa, a área de compras sofre a influência de outros setores da própria organização, tendo que trabalhar sua interface com esses diferentes atores corporativos.

O setor de compras de uma empresa é o espelho da política de compras da organização, que invariavelmente expressa a sua filosofia e estratégia de negócios. Por exemplo, uma empresa comprometida com a responsabilidade social e ambiental deve buscar fornecedores também comprometidos com tais premissas, afastando de seu universo empresas que utilizem práticas prejudiciais ao meio ambiente ou que utilizem mão de obra infantil ou escrava em sua produção. Os profissionais de vendas devem estar atentos a essas variáveis, uma vez que a estratégia de negócios do fornecedor deve estar em consonância direta com a filosofia, a visão, a missão e os valores da empresa compradora.

Por isso, a demora na decisão de compra é justificada pelo fato de os diferentes atores da empresa compradora empregarem diferentes critérios de avaliação das propostas, o que pode dificultar e gerar atrasos no processo de decisão. Enquanto os profissionais de compra estão mais preocupados com o preço, os profissionais da área técnica se preocupam com outros requisitos, como qualidade, marca e condições de fornecimento e entrega. São diversas visões de mundo e de negócio, o que gera diversos ritmos no processo. É nesse ponto que fatores diferentes de apreciação do custo/benefício entram em cena, como busca de prestígio na empresa, segurança, jogos de poder, cultura organizacional e até mesmo fatores psicológicos dos decisores, o que faz com que seja difícil afirmar categoricamente que as compras organizacionais são exclusivamente de natureza racional. É imprescindível que, nessa fase, haja uma coordenação fina e bastante eficaz entre os diferentes atores envolvidos na compra para que o processo de tomada de decisão ocorra sem maiores percalços, evitando conflitos por disputas de poder ou influência durante a compra.

Para imprimir maior dinamismo e rapidez a esse processo, as empresas compradoras podem constituir comitês de compra que envolvam técnicos, profissionais de compra, gestores e membros da diretoria para análise e aprovação das propostas e fornecimentos. Em geral, empresas que optam por essa solução buscam um alinhamento entre o processo de compras e suas decisões estratégicas.

Os critérios para seleção dos fornecedores costumam ser os seguintes: produtos e serviços de qualidade, entrega no prazo, comportamento corporativo ético, comunicação honesta, preços competitivos, assistência técnica e serviços de pós-venda, localização geográfica, histórico de desempenho e reputação (Kotler e Armstrong, 1999).

Especificação da rotina de pedido

Uma vez escolhido o fornecedor, tem início a etapa de negociação envolvendo este e o comprador, quando o último procura obter melhores condições de negócio e fornecimento, como preço, condições de pagamento e prazos de entrega, com vistas ao fechamento do negócio (Limeira, 2008).

Visando o estabelecimento de relacionamentos de longo prazo, os compradores redigem contratos de fornecimento pelos quais os fornecedores se comprometem a reabastecer periodicamente o estoque dos compradores, evitando assim os entraves burocráticos inerentes a qualquer processo de renegociação com fornecedores. Geralmente, os pedidos são feitos por meio eletrônico, o que permite ao fornecedor tanto se programar para as entregas quanto manter níveis baixos de estoque.

Análise de desempenho

Como em qualquer compra, a análise de valor do produto é estabelecida entre a expectativa do comprador quanto ao produto adquirido e seu efetivo desempenho. Na compra organizacional, a análise de desempenho equivale ao estágio da avaliação pós-venda das compras do consumidor final. Tal análise pode manter, aprofundar, modificar ou encerrar o relacionamento entre fornecedor e comprador. É de fundamental importância que os vendedores monitorem tal processo, verificando os níveis de satisfação do cliente corporativo.

No caso da compra organizacional, pode-se utilizar ferramentas como matrizes de avaliação de parâmetros para comparar os atuais fornecedores com os demais existentes no mercado. Vale lembrar que tais matrizes devem ser construídas a partir de critérios econômicos e técnicos, evitando-se ao máximo a interveniência de outros fatores, como os de natureza psicológica e emocional.

Samara e Morsch (2005) identificam os critérios a seguir como os mais frequentes na análise de desempenho dos fornecedores: eficiência, economia, qualidade, velocidade, força, durabilidade, resistência, garantia, confiabilidade, precisão, uniformidade, estabilidade, facilidade de instalação, baixo custo de manutenção e simplicidade.

É bom lembrar que um dos principais elementos a serem levados em conta no processo de análise de desempenho é o grau de relacionamento entre comprador e fornecedor. Sendo a venda organizacional técnica e consultiva, a qualidade do relacionamento cliente/vendedor é um critério poderoso na definição tanto da manutenção do contrato de fornecimento quanto da busca de novos fornecedores. E, invariavelmente, o relacionamento entre as partes baseia-se na confiança, na capacidade de o fornecedor entender e solucionar as necessidades do cliente, assim como de oferecer suporte e assistência pós-venda sempre que necessário.

Um relacionamento bem-sucedido pode ampliar a gama de negócios entre compradores e fornecedores, inclusive estimulando o desenvolvimento de parcerias mais aprofundadas, que busquem soluções em conjunto para novos desafios, produtos e serviços a serem elaborados, tendo em vista as necessidades do mercado organizacional.

Tipos de compras organizacionais

Dado o grau de complexidade das compras organizacionais, é importante ressaltar o elevado comprometimento racional dos compradores corporativos. Como já vimos, as compras organizacionais são muito orientadas por critérios de análise de valor, que levam em consideração questões do tipo custo/benefício.

Em linhas gerais, as compras organizacionais podem ser classificadas em três tipos: a *recompra direta*, a *recompra modificada* e a *compra nova* (Kotler e Armstrong, 1999; Samara e Morsch, 2005). A diferença entre os tipos é estabelecida pelo grau de complexidade do processo de compra e pelas características do produto a ser adquirido. A seguir, uma breve caracterização de cada um deles.

Recompra direta

É o tipo mais simples de compra organizacional, constituindo em geral uma compra de rotina. Nela, o comprador repete o pedido anterior sem qualquer modificação (Kotler e Armstrong, 1999). Além disso, na recompra direta, o comprador toma o menor número de decisões. O principal exemplo são as compras feitas pelas organizações para repor estoques de matérias-primas, insumos ou os componentes necessários a sua atividade produtiva. Uma organização, ao fazer chegar ao seu setor de compras a necessidade de repor seu material de escritório (resmas de papel, canetas, etiquetas adesivas etc.), está engajada em um processo de compra dessa natureza, no qual o pedido não necessita de grandes alterações (apenas em termos da quantidade do material a ser adquirido), encontrando-se, portanto, em um processo de recompra direta.

Recompra modificada

É uma variação da compra anterior, na qual o comprador introduz no pedido alguma(s) especificação(ões) do produto, como preço, funcionalidades, garantias de pós-venda ou novas condições para os fornecedores. Diferentemente da recompra direta, nesse tipo de compra há a participação de um maior número de atores no processo de compra, por ser mais necessário realizar pesquisas com outros fornecedores. Se na recompra direta o fornecedor em geral é o mesmo, na recompra modificada abre-se espaço para que novos fornecedores possam vender para a empresa compradora, o que torna a decisão de compra um pouco mais complexa e demorada. Por exemplo, recentemente, o Ministério da Educação do Brasil alterou algumas especificações técnicas no processo de licitação para a aquisição de computadores portáteis, a serem disponibilizados para crianças dos ensinos fundamental e médio de alguns municípios do país. Além de aspectos técnicos, como configuração das máquinas, preço e assistência técnica, outros elementos, como garantia de fornecimento, prazo de entrega e condições de pagamento, tiveram sua importância ressaltada no processo de compra. Como consequência, o fornecedor que venceu a licitação e entregou o primeiro lote de equipamentos ao governo federal não foi selecionado na segunda rodada de compras, permitindo a entrada de novas empresas, com ofertas de valor mais vantajosas e menos dispendiosas para o Tesouro público.

Compra nova

De todos os tipos de compra organizacional, certamente é o mais complexo e demorado, por envolver um maior número de participantes do lado do comprador. Em geral, essa situação ocorre quando uma organização decide comprar determinado produto ou serviço pela primeira vez. Certamente, é a situação mais desafiadora para qualquer profissional de marketing organizacional, dados o nível de complexidade e o envolvimento de ambas as partes durante o processo de tomada de decisão. Ao contrário do primeiro tipo de compra organizacional, nas compras novas os compradores analisam muitas variáveis, e diversos aspectos dos fornecedores concorrentes são meticulosamente avaliados — preço, qualidade, prazo de entrega, garantias de fornecimento, serviços pós-venda e assistência técnica —, dado o grau de ineditismo e importância da compra, além dos riscos inerentes ao processo.

Determinantes do processo de compra organizacional

Segundo Kotler e Armstrong (1999), a compra organizacional não é influenciada apenas por fatores econômicos. Contrariamente à opinião da grande maioria das pessoas, as compras organizacionais sofrem a influência de uma vasta gama de fatores que atuam de maneira integrada. Cabe ao profissional de vendas corporativas entender a dinâmica de atuação desses fatores a fim de obter o melhor posicionamento competitivo possível no processo decisório da compra organizacional.

Uma das principais razões desse argumento repousa no fato de que, apesar do caráter eminentemente racional desse tipo de compra, é preciso lembrar que as organizações são representadas por pessoas nos processos de compra e venda. Por isso, a compra organizacional não pode ser definida como puramente racional, haja vista a intervenção de fatores interpessoais, psicológicos e emocionais em sua dinâmica.

A literatura atual de marketing identifica os seguintes fatores como determinantes da compra organizacional: ambientais, organizacionais, interpessoais e individuais (Kotler e Armstrong, 1999; Samara e Morsch, 2005).

Fatores ambientais

Nesse primeiro grupo estão incluídas todas as variáveis que integram o macroambiente de marketing de qualquer organização. Leiam-se fatores econômicos, políticos, sociais, culturais e legais, além dos avanços tecnológicos que interferem na dinâmica de funcionamento de determinado cenário de negócios.

Entre estes, os mais frequentes e que têm impacto significativo no comportamento de compra organizacional são o nível da demanda primária, a conjuntura econômica, as taxas de juros, a evolução tecnológica, as políticas governamentais de regulação dos mercados, as alterações observadas na concorrência, e, nos últimos anos, o surgimento de políticas relacionadas com questões de responsabilidade social e ambiental (Samara e Morsch, 2005).

Há que se destacar nesse contexto as flutuações da economia mundial observadas desde o último trimestre de 2008, que interferem sobremaneira na demanda dos consumidores finais de produtos e serviços, bem como o surgimento do e-commerce e o impacto da internet e das tecnologias da informação e da comunicação (TICs) nos mercados organizacionais. Além disso, cada vez mais compradores buscam comprar de fornecedores que sigam os preceitos de uma política responsável e eficaz acerca dos impactos ambientais e sociais de suas matérias-primas, insumos e demais componentes. Os movimentos contrários ao emprego de mão de obra infantil ou escrava, a preocupação com o controle de emissões de carbono e o uso de métodos de produção "verdes" são cada vez mais levados em consideração pelos decisores organizacionais no processo de compra.

Fatores organizacionais

Nesse segundo conjunto de fatores estão situadas todas as variáveis que dizem respeito às características da organização compradora de bens, insumos, matérias-primas, componentes e serviços. Assim como na compra do consumidor final, é de fundamental importância que os fornecedores corporativos conheçam em detalhes as características e a dinâmica de compra da empresa compradora.

Cada empresa compradora possui características próprias e significativas em termos de estrutura, procedimentos e sistemas de compra. Não levá-las em consideração durante o processo decisório da compra corporativa é, sem dúvida, incidir em um grave erro, o que não pode ocorrer com profissionais de marketing e de vendas corporativas. A diferença entre uma venda bem e malsucedida reside, em certo sentido, na compreensão dessas diferenças e variabilidades por parte do fornecedor.

Para compreender melhor esse processo, cabe levantar algumas questões. São perguntas adequadas, que englobam tópicos como: quem são os agentes envolvidos na compra, quantos são, qual o grau de influência de cada um na decisão de compra, que critérios de avaliação estão sendo utilizados, entre outras. Além disso, compreender mais a fundo a estratégia de negócios do comprador, suas políticas de compra e os desafios provenientes das empresas concorrentes são também relevantes para que os vendedores possam influenciar de maneira significativa o comportamento dos compradores.

Fatores interpessoais

A interveniência desses fatores é o principal indicador de que as compras corporativas não ocorrem em um plano estritamente econômico-racional. Por envolver um grande número de pessoas de ambas as partes, é natural que compradores e vendedores estabeleçam interações mais ou menos frequentes, que servem de substrato para futuras decisões de compra. É nesse ponto que é de fundamental importância compreender as forças de grupo, as interferências interpessoais e o grau de relacionamento e de parceria entre ambos os polos da compra organizacional. A compreensão dos diferentes *influenciadores* no processo decisório da compra é uma ferramenta importante para a elaboração de estratégias de marketing organizacional (Romeo, 2008). Além disso, é preciso ter em mente que uma empresa compradora não é um único e simples cliente, mas um conjunto deles, dotados de diferentes necessidades, percepções, expectativas e interesses, cuja atuação em conjunto determina a diretriz do comportamento da compra organizacional.

Fatores individuais

Por fim, em um nível microssocial, encontram-se os fatores individuais, isto é, as variáveis que englobam as características cognitivas, emocionais, motivacionais e personalísticas de todos os atores envolvidos no processo da compra organizacional. Cada ator participante desse processo possui seus próprios motivos, interesses, necessidades, gostos, preferências, crenças e valores, que agem durante a compra. Fatores como a idade do comprador, sua renda, seu nível de instrução, formação profissional e atitudes diante de situações de risco são os mais importantes a serem levados em consideração durante a compra organizacional.

Outro fator a ser levado em conta diz respeito ao que a literatura denomina *estilo do comprador* (Samara e Morsch, 2005). Alguns compradores são mais técnicos, isto é, tomam decisões de compra baseados em aspectos técnicos do produto, como qualidade, durabilidade, preço e prazo de entrega, privilegiando uma análise de valor baseada em uma relação de custo/benefício. Em contrapartida, outros decisores são mais intuitivos, isto é, possuem um *feeling* maior para questões interpessoais, que envolvem o relacionamento entre fornecedor e comprador, além de privilegiarem outras características qualitativas, como a confiança, a imagem de marca e o histórico de relacionamento.

Nesse ponto, é crucial entender que, por mais informatizadas que sejam, as organizações compram por intermédio de pessoas, e estas acabam influenciando as decisões de compra corporativa. Afinal, suas decisões são guiadas pelo conjunto de expectativas e percepções dos compradores envolvidos.

Agora que buscamos compreender o comportamento do consumidor organizacional e suas camadas extras de complexidade, passaremos ao capítulo 5, que apresenta o conceito de envolvimento cognitivo como condicionante dos tipos de decisão. Também abordaremos algumas tendências do comportamento de consumo, uma vez que, a essa altura do livro, já dispomos de instrumentos para compreendê-las.

5 Envolvimento, tipos de decisão e tendências em comportamento de consumo

A área de estudos sobre o comportamento do consumidor talvez seja um dos mais dinâmicos campos de pesquisa para os profissionais de marketing nos últimos anos. Um conjunto de novas técnicas de investigação sobre como as pessoas se comportam em situações de compra tem levado os pesquisadores não só a integrar cada vez mais conceitos de diferentes áreas do conhecimento — tais como psicologia, antropologia, sociologia e demografia —, como também impulsionado o desenvolvimento de novas e revolucionárias técnicas de pesquisa.

Neste capítulo, abordaremos o conceito de envolvimento, condicionando os tipos de decisão tomados pelo consumidor. Também trataremos de duas das principais abordagens que vêm alterando drasticamente a compreensão dos profissionais de marketing acerca das decisões de compra dos consumidores: as *pesquisas etnográficas* e o *neuromarketing*.

Envolvimento e tipos de decisão

Nem sempre os consumidores se engajam no processo de cinco passos da tomada de decisão de compra. Dependendo do nível de envolvimento e da importância pessoal, social e econômica da compra para o consumidor, este pode pular algumas etapas do processo de compra, como é facilmente observável nas compras de balas ou lâminas de barbear, totalmente motivadas por impulso, e que costumam acontecer nos *checkouts* dos supermercados. Ocasiões de compra com alto envolvimento em geral apresentam, no mínimo, uma de três características: a) o item a ser comprado é relativamente caro; b) a opção de compra pode ter consequências pessoais sérias; e c) o produto ou serviço pode refletir na imagem social do comprador.

Em tais ocasiões, os consumidores se empenham em uma ampla busca de informações, consideram muitos atributos do produto e das marcas, formam opiniões e estabelecem comunicações boca a boca. As compras de produtos tipicamente com baixo envolvimento, como pasta de dentes e bucha para lavar louça, raramente envolvem a maioria de nós, ao passo que compras de aparelhagens de som, produtos de vestuário e automóveis costumam ser muito mais envolventes. Considerando-se a existência de uma escala contínua de complexidade na decisão de compra, identificam-se três categorias principais do processo de compra com base no envolvimento do consumidor e no conhecimento do produto: a decisão de rotina, a decisão limitada e a decisão estendida (ou ampliada).

Decisão de rotina

No caso de produtos como fio dental e adoçante dietético, os consumidores reconhecem um problema, tomam uma decisão e despendem pouquíssimo esforço buscando informações externas e avaliando alternativas. O processo de compra de tais itens é um hábito e tipifica uma tomada de decisão de baixo envolvimento. A decisão de rotina acontece nas compras frequentes de produtos de baixo preço. Estudos realizados nos Estados Unidos estimam que aproximadamente metade de todas as ocasiões de compra são desse tipo (Berkowitz e outros, 2003).

Decisão limitada

Na decisão limitada, os consumidores geralmente buscam alguma informação ou confiam na opinião de alguém conhecido para ajudá-los a avaliar alternativas. De modo geral, várias marcas podem ser avaliadas usando-se um número moderado de diferentes atributos. A decisão limitada ocorre quando se escolhe uma torradeira, um restaurante para jantar e em outras situações de compra que requerem o emprego de pouco tempo ou esforços. A decisão limitada é responsável por cerca de um terço das ocasiões de compra.

Decisão estendida (ou ampliada)

Na decisão estendida, percorre-se na compra cada um dos cinco estágios do processo decisório de consumo, incluindo tempo e esforços consideráveis na busca de informações externas e na identificação e avaliação de alternativas. Em geral, várias marcas integram o conjunto evocado e elas são avaliadas em relação a muitos atributos. Na decisão estendida existem situações de compra com alto envolvimento no caso de itens como automóveis e investimentos em ações e títulos. As empresas que comercializam esses produtos envidam esforços significativos informando e educando os consumidores. Pouco mais de um décimo das ocasiões de compra encontram-se nessa categoria.

Envolvimento na decisão por novos produtos

Kotler (2000) faz uma análise cuidadosa do impacto do grau de inovação do produto sobre o nível de envolvimento cognitivo e emocional do consumidor na decisão de compra. No capítulo 4, examinamos os estágios por que passam os compradores enquanto tentam satisfazer uma necessidade. Os compradores podem passar por esses estágios lenta ou rapidamente, e alguns desses estágios podem até mesmo trocar de ordem com outros. Nesse processo, muito depende da natureza do comprador, do produto e da situação de compra.

Um produto novo é uma mercadoria, serviço ou ideia que é percebido por alguns clientes potenciais como diferente do que já conheciam, tendo algum grau de ineditismo. Tal produto até já pode ter sido lançado há algum tempo, mas nosso interesse aqui é analisar como os consumidores aprendem sobre os produtos quando entram em contato com eles pela primeira vez. E também analisar como os consumidores tomam decisões sobre adotar ou não um produto que para eles é novo. Pode-se definir o processo de adoção como o processo mental pelo qual passa um indivíduo desde o primeiro momento de aprendizagem sobre uma inovação até a adoção final. A adoção também pode ser compreendida como a decisão de um indivíduo de se tornar um usuário regular do produto.

Estágios no processo de adoção

Os consumidores podem passar por cinco estágios no processo de adoção de um produto novo:

- *conscientização* — o consumidor torna-se consciente do produto novo, mas faltam-lhe informações sobre ele;
- *interesse* — o consumidor procura se informar sobre o produto novo;
- *avaliação* — o consumidor considera se faz sentido experimentar o produto novo;

- *experimentação* — o consumidor experimenta o produto novo em pequena escala para melhorar sua estimativa acerca de seu valor;
- *adoção* — o consumidor decide fazer uso integral e regular do produto novo.

Essa sequência sugere que o profissional de marketing envolvido com um produto novo deve pensar em como ajudar os consumidores a atravessar esses estágios. Um fabricante de televisores de tela LCD de 70 polegadas pode descobrir que muitos consumidores no estágio de interesse não passam para o estágio de experimentação devido à incerteza e ao investimento relativamente elevado que esses produtos ainda representam. Se os mesmos consumidores mostrassem interesse em usar um televisor desse tipo em um esquema de teste, pagando uma pequena taxa, o fabricante poderia considerar a hipótese de oferecer um plano de experimentação com a opção de compra do aparelho. Na verdade, a experimentação é um dispositivo relativamente comum em produtos de preço elevado, como tapetes orientais ou antiguidades, sob o argumento de que "o tapete precisa se harmonizar com a casa que o abrigará". Não que tapetes persas sejam um produto novo em termos absolutos, mas frequentemente o são para consumidores específicos. Em geral, na grande maioria dos casos, apesar do seu peso logístico, o procedimento da experimentação acaba resultando em venda, pois aciona mecanismos de autoindulgência na clientela que se vale dessa comodidade.

Diferenças individuais quanto à inovação

As pessoas diferem bastante em sua disposição de experimentar produtos novos. Em qualquer área de produto, há os pioneiros do consumo e os adotantes iniciais; e também os que adotam produtos novos bem mais tarde. Pode-se classificar os consumidores de acordo com a figura 2, proposta por Rogers (1993), um dos criadores da teoria da adoção de inovações. Depois de um início lento, um número crescente de pessoas adota um produto novo. O número de adotantes atinge um pico e então cai à medida que menos não adotantes permanecem. Inovadores são os primeiros 2,5% de compradores que adotam uma ideia nova (aqueles que estão a mais de dois desvios-padrão aquém do tempo médio de adoção); os adotantes iniciais são os 13,5% seguintes (entre um e dois desvios-padrão) e assim por diante.

Figura 2
Distribuição de frequência dos adotantes no tempo

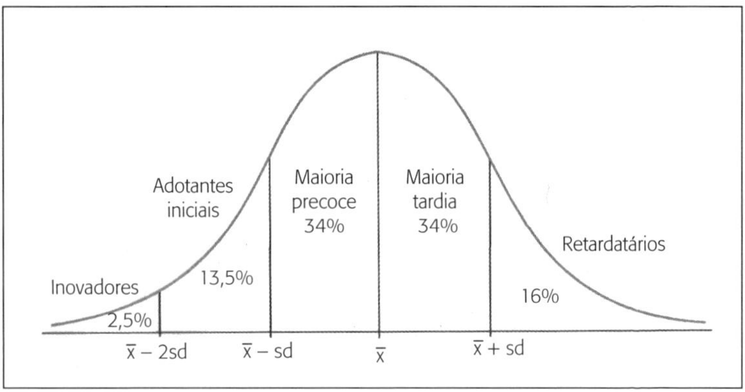

Fonte: Rogers, 1993.

Os cinco grupos de adotantes têm valores que os caracterizam e diferenciam. Os inovadores são afeitos à aventura — eles experimentam novas ideias a um certo risco. Os adotantes iniciais são guiados pelo respeito; eles são líderes de opinião em suas comunidades e adotam novas ideias cedo, porém com cautela. A maioria precoce é resoluta, embora raramente sejam líderes, os elementos desse grupo adotam novas ideias antes da pessoa média. A maioria tardia é cética, só adota uma inovação depois que a maior parte das pessoas já a experimentou. Finalmente, os retardatários são movidos pela tradição; eles suspeitam de mudanças e só adotam a inovação depois que ela já se tornou uma tradição.

Essa classificação de ritmo de adoção sugere que uma empresa inovadora deve estudar as características dos inovadores e dos adotantes iniciais, direcionando seus esforços de marketing para esse grupo. Em geral, os inovadores tendem a ser relativamente mais jovens, mais instruídos, e têm mais dinheiro do que os adotantes tardios e os não adotantes. Eles são mais receptivos a coisas pouco familiares, confiam mais em seus valores e em sua capacidade de avaliação, e estão mais dispostos a correr riscos; são menos leais a marcas e mais inclinados a tirar vantagem de promoções especiais, como descontos e amostras.

Influência das características do produto na taxa de adoção

As características do produto novo afetam sua taxa de adoção. Alguns produtos "pegam" quase de um dia para o outro (patins *in-line*), enquanto outros levam um bom tempo para ganhar aceitação (robôs domésticos). Cinco características são especialmente importantes e influenciam a taxa de adoção de uma inovação. Consideremos, por exemplo, as características de televisores de tela de LCD de 70 polegadas em relação à sua taxa de adoção:

- *vantagem relativa* — o grau da aparente superioridade da inovação em relação aos produtos existentes. Quanto maior for a vantagem relativa percebida em usar uma TV de tela de LCD de 70 polegadas — digamos, em termos de qualidade da imagem e comodidade para quem assiste —, mais cedo esse tipo de TV será adotado;
- *compatibilidade* — o grau de ajuste da inovação aos valores e experiências dos consumidores potenciais. TVs de tela de

LCD de 70 polegadas, por exemplo, são verdadeiros cinemas em casa, altamente compatíveis com os estilos de vida encontrados em famílias de classe média alta;

- *complexidade* — o grau de dificuldade para entender ou usar a inovação. TVs de tela de LCD de 70 polegadas não são complexas e, portanto, levarão menos tempo para penetrar no mercado do que outras inovações mais complexas;
- *divisibilidade* — o grau em que a inovação pode ser experimentada em um esquema limitado. TVs de tela de LCD de 70 polegadas são caras. A taxa de adoção desse produto deve aumentar se as pessoas puderem alugá-las com opção de compra;
- *comunicabilidade* — o grau em que os resultados de usar a inovação podem ser observados ou descritos. Já que as TVs de tela de LCD de 70 polegadas podem ser demonstradas e descritas, o seu uso vai se espalhar mais rapidamente entre os consumidores.

Outras características influenciam a taxa de adoção, como custos iniciais e operacionais, risco e incerteza, e aprovação social. O profissional de marketing de produtos novos deve pesquisar todos esses fatores quando estiver desenvolvendo o produto novo e seu programa de marketing.

Influências contextuais

Com frequência, a situação de compra afeta o processo decisório de consumo. Cinco influências contextuais têm impacto sobre o processo decisório de consumo: a) a tarefa da compra; b) o ambiente social; c) o ambiente físico; d) efeitos temporais; e e) estados antecedentes.

A tarefa da compra é a razão primordial para o engajamento na decisão de consumo. A busca e a avaliação de informações podem diferir caso a compra seja um presente, que muitas vezes envolve um aspecto social, caso seja para uso próprio do comprador. A Kopenhagen, fabricante e varejista de uma ampla linha de chocolates finos, percebeu há anos que não vendia chocolates, mas presentes. Isso afetou tremendamente uma série de decisões de marketing, desde o formato de seus produtos, embalagens, preços e atmosfera das lojas, até o horário de funcionamento. Boa parte das lojas de rua da empresa fica aberta até as 21 horas, pois são uma opção para quem vai visitar amigos à noite e precisa levar alguma coisa como sinal de gentileza.

O ambiente social, incluindo as demais pessoas presentes quando a decisão de compra é tomada, também pode afetar o que se compra. Nesse ponto vale lembrar o modelo de papéis no processo de compra já abordado neste livro. Quando a aquisição do produto é realizada por um casal ou mesmo pela família inteira reunida no ponto de venda, os vendedores podem lançar mão de uma série de estímulos e linguagens diferentes, voltados para todos os coautores da decisão, a fim de criar uma sinergia que eleve o chamado *ticket* médio. Um homem que entra sozinho em uma joalheria para comprar um presente para a esposa reage às ofertas que lhe são feitas de modo completamente diferente do que reagiria se estivesse acompanhado da esposa.

O ambiente físico, como a decoração, a música, os odores, a temperatura e a quantidade de clientes na loja, pode alterar a forma pela qual as decisões de compra são tomadas. Há lojas de altíssimo padrão que se localizam na rua e que mantêm as portas trancadas, argumentando que se trata de uma questão de segurança. Mesmo reconhecendo a relevância da questão da segurança nos dias de hoje, cabe constatar que a prática de trancar portas atua como um "filtro de clientela". As clientes mais sofisticadas em busca de produtos de luxo, público-alvo das referidas grifes, não se intimidam com portas trancadas, pois conhecem o lugar, sabem que serão bem atendidas e compram mesmo. Já clientes de classe média inferior, que dificilmente pagariam R$ 2 mil por um maiô, que ocupariam espaço na loja e não agregariam *glamour* à sua atmosfera, têm vergonha de bater à porta para que os seguranças abram, ficando de fora do ponto de venda.

Os efeitos temporais, como a hora do dia ou a quantidade de tempo disponível, influenciam onde os consumidores tomam o café da manhã ou almoçam, bem como o que é pedido. Dispor de pouco tempo para o consumo pode constituir uma verdadeira festa para os restaurantes de comida a quilo e para as lanchonetes tipo *fast-food*. Ainda no que se refere ao tempo, cabe considerar o grau de pressa dos consumidores, que pode variar bastante durante o período em que estão fazendo compras. Quando se entra em uma loja de roupas em uma tarde de sábado, por exemplo, não há pressa. Passados 20 minutos, experimentadas seis peças diferentes de roupa e compradas as duas mais caras, a pressa instala-se repentinamente na hora de passar no caixa. Esse gradiente deve ser acompanhado pelos vendedores, que devem entrar em sintonia com o ritmo do cliente, evitando retardá-lo na loja depois que ele já está ansioso para sair dela.

Por fim, os estados emocionais ou cognitivos antecedentes, que incluem o humor ou a disposição de gastar dinheiro, podem influenciar o comportamento de compra e a escolha do consumidor. Há lojas de alto padrão, como a Louis Vuitton, por exemplo, onde uma cliente realmente VIP com frequência passa até três horas para comprar uma bolsa de R$ 16 mil. Durante esse período, seu estado de espírito pode variar do quase depressivo ao extremamente eufórico, devendo a equipe de venda estar preparada para lidar com os altos e baixos da clientela, articulando — quase como psicólogos — todo um arsenal de tratamentos e gentilezas que se coadunem com os sentimentos da nossa cliente hipotética.

Pesquisas etnográficas

Nos últimos anos, uma série de críticas vêm sendo dirigidas às técnicas tradicionais utilizadas em pesquisas de mercado, em especial às técnicas que subsidiam a compreensão do comportamento do consumidor. Os resultados obtidos nas abordagens quantitativas são considerados robustos, em função de técnicas estatísticas apuradas que não só garantem a confiabilidade da pesquisa, mas também permitem a generalização dos resultados da amostra para o *target* investigado. Entretanto, muito se discute sobre a veracidade das respostas dadas pelos entrevistados em questionários fechados. Um dos vieses mais apontados nesse aspecto diz respeito ao fato de que, em diversos momentos da pesquisa, o entrevistado responde às perguntas muito menos em função de suas reais opiniões pessoais e mais em função da resposta esperada pelo entrevistador.

Tal crítica também é dirigida às técnicas qualitativas de investigação do consumidor, especialmente às mais adotadas pelos profissionais de marketing, como os grupos de foco (*focus groups*). Além do viés do entrevistador mencionado antes, o número reduzido de participantes em um grupo de foco — normalmente de sete a 10 pesquisados por grupo — inviabiliza generalizar com segurança os dados obtidos no grupo pesquisado para a população mais ampla que está sendo estudada. Além disso, a situação de artificialidade imposta pelo grupo de foco — uma sala especialmente preparada para a pesquisa, longe do ambiente real de compra — também influencia em demasia as respostas e as reações dos entrevistados.

Tudo isso tem contribuído para o desenvolvimento de novas técnicas de investigação do comportamento do consumidor que se aproximem cada vez mais das situações reais de compra, isto é, que possibilitem uma análise *in loco* de todas as etapas envolvidas nas decisões de compra. Nos últimos anos, os profissionais de marketing têm investido intensamente no desenvolvimento dessas novas metodologias de pesquisa. Para tanto, os pesquisadores de comportamento vêm utilizando e adaptando técnicas desenvolvidas na área das ciências humanas e sociais, especialmente na antropologia e na sociologia. Um dos pioneiros na utilização dessas técnicas de pesquisa na área de comportamento do consumidor é o antropólogo norte-americano Paco Underhill, autor de livros e artigos que alteraram profundamente o entendimento das decisões de compra do consumidor.

Underhill (2004 e 2009) define o seu estudo do consumidor como "consumerologia", que pode ser entendida como o estudo do comportamento do consumidor em situações reais de compra. Suas pesquisas utilizam uma ampla gama de técnicas — câmeras de vídeo, pesquisadores ocultos, registros fotográficos — para coletar dados sobre o comportamento de consumo das pessoas em ambientes reais de compra, como lojas de roupas e supermercados, tanto em shopping centers quanto nas ruas. Tal como um antropólogo estudando uma outra cultura, Underhill defende a tese de que nem sempre o que os consumidores relatam em questionários e entrevistas corresponde ao que eles de fato fazem na prática, isto é, em situações reais de compra.

Assim, sua abordagem inovadora enfatiza que os consumidores dialogam com os ambientes de compra, isto é, seu comportamento de compra sofre a influência de variáveis presentes no meio ambiente, como a disposição do ambiente de compra, a posição dos produtos em gôndolas e prateleiras e o impacto de estímulos sensoriais de natureza visual, olfativa, gustativa, tátil e auditiva. Além disso, o autor chama a atenção para as diferenças nos estilos de compra observados em homens, mulheres, adolescentes e crianças, bem como para a interação que estes estabelecem entre si ante diversas situações de compra. É uma observação razoavelmente consensual (e já abordada neste livro) que, por exemplo, os homens entendam as situações de compra como mais ansiogênicas e desconfortáveis, levando-os a ter um comportamento do tipo "busca e apreensão" em um curto espaço de tempo, o que nem sempre resulta em boas compras. Por outro lado, as mulheres tendem a navegar prazerosamente, com maior habilidade e destreza, em ambientes de compra, o que as torna exímias negociadoras e compradoras.

Muitos profissionais de marketing defendem o aprofundamento dessas técnicas, especialmente as que procuram estabelecer maior interação entre pesquisador e pesquisado. Uma das tendências atuais na área de comportamento do consumidor é o uso de pesquisas etnográficas — técnicas originariamente forjadas no âmbito da antropologia. Tal como os etnógrafos dos séculos XVIII e XIX, que, por meio da imersão, descreviam as práticas culturais dos membros de diferentes sociedades, os etnógrafos do consumo procuram fazer a descrição mais completa e esmiuçada possível dos hábitos de consumo dos mais diferentes segmentos de consumidores. Surgiu, então, uma série de estudos bastante interessantes levando em consideração a variabilidade das "tribos" de consumidores, classificadas a partir de variáveis econômicas, demográficas, etárias e psicográficas.

Segundo Balandier (1977:148), a etnografia "exige trabalho no próprio terreno, observação direta e até participação do investigador constantemente à procura das melhores vias de acesso. Ela fica no nível da descrição e visa uma apresentação tão completa quanto possível de um grupo (e de uma cultura) cuja extensão restrita parece permitir um apanhado".

Logo, a etnografia pressupõe a imersão do pesquisador na realidade cultural do grupo pesquisado, visando uma descrição detalhada e pormenorizada dos hábitos, costumes, comportamentos, crenças, valores, gostos, preferências e avaliações dos consumidores.

Para Troiano (2009), certas condições são imprescindíveis para a realização de um estudo etnográfico. A primeira delas é o envolvimento do pesquisador com o hábitat do consumidor a ser estudado. Isso significa que é necessário que o pesquisador estude o comportamento do consumidor em seu ambiente cotidiano, isto é, em sua residência, em seu bairro, no convívio com a família e com seu grupo de amigos, e frequente seus locais de lazer, compra e atividade profissional. A segunda característica diz respeito ao perfil do profissional de pesquisa, que deve ser capaz de estabelecer em curto espaço de tempo uma relação de empatia com o pesquisado, a fim de conseguir coletar o maior número possível de informações. O terceiro aspecto tem a ver com a necessidade de a descrição etnográfica ser total, isto é, o relato do pesquisador deve ser o mais detalhado e completo possível, a fim de possibilitar uma compreensão mais profunda das relações entre o consumidor, a marca e seu comportamento de compra. Isso torna a pesquisa etnográfica um processo mais lento e demorado, em comparação com outras técnicas de pesquisa, em especial as de cunho quantitativo. Outra condição dessa técnica é que leve em consideração os aspectos não verbais do comportamento do consumidor, isto é, seus gestos, ações, expressões corporais e outras manifestações não verbais importantes para a elucidação de determinados aspectos da mente do consumidor. Por fim, dadas as suas características, a pesquisa etnográfica é indicada para compreender o comportamento de compra de segmentos específicos de consumidores, sendo contraindicada quando o objetivo do profissional de marketing é estabelecer grandes generalizações a respeito dos consumidores de determinada sociedade, região geográfica ou país.

Pode-se resumir o principal objetivo da pesquisa etnográfica para o profissional de marketing, citando Troiano (2009:50): "quanto mais próximo do hábitat do consumidor você estiver, mais chances terá de compreender a relação dele com outras pessoas (os familiares, por exemplo) ou com as coisas que o cercam (as marcas dos produtos, por exemplo)".

Coolhunting

Nos últimos anos, cresceu consideravelmente a atenção dispensada pelas empresas aos sinais enviados pelo mercado, assim como seu interesse em se anteciparem às mudanças. Num cenário como esse, a figura do *coolhunter*, ou *caçador de tendências*, tornou-se uma arma poderosa na investigação dos estímulos que movem os consumidores. O *coolhunting* surgiu no início dos anos 1990, quando jovens com idades girando em torno dos 25 anos começaram a ser pesquisados por profissionais atentos às novas tendências e a tudo de interessante que acontecia nas ruas. O trabalho do *coolhunter* é colher materiais como fotografias, anúncios, músicas ou páginas da web sobre o que lhe chama a atenção e enviá-los a um centro de estudos, que repassa a pesquisa às empresas clientes.

A ideia deu certo. Atualmente, contar com um *coolhunter* parece ser indispensável para empresas dos mais diversos setores. Os especialistas acreditam que os departamentos de marketing devem capacitar seus profissionais em algumas técnicas de estudos de consumo. O trabalho do *coolhunter* é integrado a um escritório especializado, que faz a *coolsearching* — a pesquisa de tendências. Além do material recolhido nas ruas, o escritório inclui um estudo dos fatores mais influentes e os gostos dominantes naquele setor, baseado em uma análise social quantitativa e qualitativa.

No Brasil, as macrotendências de comportamento que pautam o consumo ao redor do mundo, a detecção de gostos, do inconsciente coletivo e do espírito do tempo vêm sendo mapeadas pela Box 1824, uma empresa de pesquisa que nasceu em Porto Alegre e recentemente se "mundializou". Aliás, o conceito de mundialização é apenas um dos que marcam o cotidiano e a maneira diferente de atuar dos dois jovens fundadores da empresa: Rony Rodrigues e João Cavalcante. Os gaúchos da Box 1824 lideram um grupo de 20 pessoas que trabalham em diferentes cidades — São Paulo, Xangai, Paris e Porto Alegre —, valendo-se de uma plataforma virtual. Segundo eles, vivemos tempos pós-materialistas, dias em que o consumo de expectativas é mais importante do que o de produtos e nos quais os consumidores estão conectados por modismos globais.

Um dos mais importantes escritórios desse tipo fica em Milão, na Itália. É o Future Concept Lab, que possui investigadores de tendências em 25 países e é considerado um dos mais avançados centros de pesquisa em comportamento do consumidor. Segundo especialistas do Future Concept Lab, o que mais atrai os consumidores é o que há de mais original em cada país ou zona do globo, e aquilo que resulta do *mix* entre o global e o local. Também os atrai tudo o que remete a recordações do passado e que faz referência à ideia de partilha entre pessoas. Os consumidores também demonstram curiosidade por novos grupos sociais e gostam de mensagens que convidem a dedicar mais tempo a si mesmos. Ou seja, para os europeus sempre se estabelece uma ligação entre felicidade e consumo, ligação que se torna importante quando funciona como elo de união entre pessoas. Essa abordagem mais humana é um contraponto à fúria consumista que muitas vezes domina os compradores.

Mas essa ideia europeia de felicidade já está mudando. Parte da pesquisa feita pelo escritório italiano mostra que felicidade é desfrutar a vida junto de quem se gosta, e a maioria dos momentos de plenitude apontados pelos entrevistados são momentos coletivos. O consumo torna-se mais importante quando incrementa essas relações e aumenta a conexão entre as pessoas. Os europeus não desejam simplesmente acumular objetos, e, sim, dividir emoções e experiências em grupo. Por exemplo, o celular deixa de ser um signo social para ser um instrumento que possibilita encontros, tornando a vida melhor.

Entre os mais jovens, os filhos, a ideia de consumo difere um pouco. É como se, para os jovens, a prioridade fosse, antes de tudo, estar presente aqui e agora, num espaço no qual a amizade, a relação com o grupo, a comunidade e o território constituíssem as experiências de referência mais relevantes. Esse fenômeno assumiu nos últimos anos uma dimensão de época que contribuiu para eliminar as barreiras entre cultura e vida cotidiana, entre fenômenos institucionais e expressões espontâneas, entre público e privado e, em última análise, entre subjetividade e sociabilidade.

Especialmente no mundo dos jovens, o filtro da sensibilidade pessoal tornou-se uma potente chave interpretativa do real: o próprio *mood* do momento e a experiência interior não levam apenas a um sentimento subjetivo, mas tornam-se um ponto de vista capaz de modificar profundamente a realidade. O mundo do jeans exprime, há alguns anos, o núcleo profundo dessa sensibilidade. Assim sendo, ouvir o consumidor é fundamental. Todos os comentários dos clientes são importantes. Por exemplo, as entrevistas etnográficas ou de segmentos personalizados permitem às empresas que se dedicam ao marketing ficar mais próximas do comprador potencial de um produto. E, às vezes, um comentário espontâneo pode ser o *click* para que surja um bom *slogan*, de muito impacto.

É importante diferenciar o *coolhunter* do *coolsearching*. As entrevistas com clientes são feitas pelo *coolsearching* (a pesquisa de tendências). O *coolhunter* não faz nada disso, ele apenas observa. Aqui, não há sequer espaço para entrevistas. O *coolhunter* anda pelos bares, lojas e praças de uma cidade para tomar nota de tudo o que, em sua opinião, pode ser uma nova tendência. Se um bar está na moda, ou um tipo de penteado, ou um esporte, isso o interessa como informação "de primeira".

Para ele é primordial que suas observações sejam objetivas. Adjetivos como "bonito" ou "feio" ou valorações do tipo "é divertido" não têm cabimento em suas informações. Por outro lado, o *coolhunter* nunca deve se esquecer de dados que podem parecer banais, como os jovens não amarrarem os tênis, o que é, na realidade, uma ferramenta de trabalho para os investigadores de mercado. Se esse fato ocorre por ser cômodo ou útil não interessa. O importante é que muita gente usa os tênis assim. Vale lembrar que um *coolhunter* não é alguém que se levanta um dia e diz: "vou fazer um pouco de *coolhunting*". Em geral, um *coolhunter* é uma pessoa com estudos universitários, que recebeu educação complementar sobre ferramentas de medição sociológicas. As situações cotidianas, para esse profissional, convertem-se em observações sociológicas.

Neuromarketing

No contexto do questionamento das teorias e técnicas consagradas de investigação do comportamento do consumidor, novas descobertas sobre o funcionamento do cérebro humano têm impulsionado os profissionais de marketing em direção a novos paradigmas, que procuram entender a dinâmica de compra do ser humano.

Tal impulso deve-se à constatação de que, na grande maioria das vezes, um fosso separa as intenções conscientes do consumidor (normalmente declaradas em pesquisas quantitativas ou investigações qualitativas, como grupos de foco) e seu comportamento observável, registrado por pesquisas de observação dos consumidores em pontos de venda. Essa constatação questiona um paradigma pregnante e recorrente na área de comportamento do consumidor, originado do pensamento econômico dos séculos XVIII e XIX, de que os consumidores são plenamente informados de suas intenções de compra, tendo total consciência dos desejos e necessidades que direcionam suas escolhas de consumo.

Resumindo: esse paradigma da racionalidade do consumidor em situações de compra pode ser entendido partindo-se de dois pressupostos: primeiro, que os clientes têm plena consciência de seus atos; segundo, que os clientes sabem por que fazem o que fazem (Martin, 2009).

Esse paradigma, definido no primeiro capítulo deste livro como organizado em torno da *teoria da racionalidade econômica*, tem sido cada vez mais questionado por pesquisadores e profissionais de marketing, que, a partir de evidências retiradas da observação meticulosa de decisões de compra, pontuam que os consumidores nem sempre são bem informados ou têm plena consciência de suas necessidades e desejos. Pelo contrário, para o espanto desses profissionais, em uma parte significativa das vezes, os consumidores não têm consciência dos fatores que os levam a decidir comprar determinado produto ou serviço.

Um dos maiores exemplos dessa constatação pode ser visto estudando-se os hábitos de consumo dos consumidores. Entende-se hábito como um comportamento rotineiro, automático, governado em grande parte por um mecanismo psicológico inconsciente. Boa parte de nossas decisões de compra são desse tipo, posto que rotinas automatizadas proporcionam uma grande economia cognitiva. A partir dessa constatação, Martin (2009) defende a existência de dois tipos de funcionamento mental por ocasião das decisões de compra. O primeiro, chamado de *mente executiva*, é onde ocorrem os processos cognitivos conscientes. O segundo, denominado *mente habitual*, é o local do funcionamento cognitivo inconsciente. Para o autor, o segredo dos casos bem-sucedidos de marketing está no fato de tais produtos e serviços tornarem-se parte integrante da *mente habitual* dos consumidores, isto é, terem sido adicionados às rotinas e aos hábitos de consumo dos consumidores. "O sucesso acontece quando sua marca se torna a escolha inconsciente e habitual de seus clientes" (Martin, 2009:9).

Por definição, a *mente executiva* seria responsável pelo processamento consciente da informação, envolvendo a capacidade analítica de discriminação da informação, a análise e a decisão de compra com base nos atributos tangíveis de produtos e serviços. Funcionando a partir de um mecanismo cognitivo de base analítica e lógica, a mente executiva engloba todo o processo racional e sequencial de processamento da informação consciente.

Já a *mente habitual* funciona de maneira diferente da anterior, privilegiando o processamento inconsciente da informação. Nela reside a grande maioria das ações de compra resultantes de *scripts* executados de forma automática e inconsciente. Além disso, a mente habitual é regulada pelos estados emocionais e por avaliações baseadas em sensações corporais de natureza visual, olfativa, gustativa, tátil e auditiva. Segundo Martin (2009), isso explica por que a grande maioria dos consumidores, ao ser inquirida em pesquisas de mercado, declara desconhecer boa parte dos motivos que a levam a tomar determinada decisão de compra.

Na tentativa de superar esse *gap* entre a intenção e o comportamento de compra propriamente dito, têm sido desenvolvidas novas abordagens do comportamento do consumidor. A principal delas é o neuromarketing, uma área de estudos que procura entender as bases anatômicas e fisiológicas do funcionamento cerebral envolvidas nas decisões de compra.

Lindstron (2008) entende que o neuromarketing é a chave para abrir o que se poderia chamar de "lógica de consumo": os pensamentos, sentimentos e desejos subconscientes que impulsionam as decisões de compra que tomamos todos os dias de nossas vidas. O neuromarketing utiliza sofisticadas técnicas de escaneamento do cérebro, como tomografia computadorizada e ressonância magnética por emissão de pósitrons (*pet-scan*). Mais recentemente, a pesquisa obteve um salto significativo por ocasião do lançamento, pela empresa japonesa Hitachi, de um *brain scanner* portátil, que utiliza uma técnica de mapeamento do cérebro baseada na mensuração do fluxo sanguíneo via múltiplos diodos de raio *laser*. O capacete é instalado na área frontal do crânio da pessoa (testa), que deve estar devidamente raspada a fim de permitir uma melhor passagem dos lasers ópticos. Os dados recolhidos podem ser "baixados" para um computador ou transmitidos *wireless*.

A introdução de tais técnicas de escaneamento do cérebro constitui uma grande revolução nas pesquisas em neuromarketing, uma vez que, por ser uma tecnologia portátil, permite que sejam feitos mapeamentos do cérebro dos consumidores em situações da vida real — como praticar esportes, estudar, assistir à televisão, navegar na internet, e em situações de compra. Esse aspecto é o que mais desperta o interesse dos profissionais de marketing: poder saber quais as áreas corticais e subcorticais envolvidas nas decisões de compra e se diferentes situações de aquisição de produtos e serviços acionam diferentes áreas do cérebro.

Vejamos um exemplo de achado dessa natureza: a partir de análises de imagens do cérebro provenientes de tomografia computadorizada, descobriu-se que o ato de efetuar a compra de um bem em dinheiro vivo e com "dinheiro de plástico" (cartões de crédito ou débito) envolve diferentes áreas e circuitos cerebrais. Enquanto, na primeira situação, acionam-se os circuitos neurais do desprazer e do sofrimento, na segunda, os circuitos em jogo estão atrelados a experiências de prazer e de recompensa. Isso explica por que o fenômeno do consumo compulsivo está tão presente em situações de compra com cartões bancários e de crédito.

Segundo Lindstron (2008:171), uma das maiores contribuições do neuromarketing para o estudo do comportamento do consumidor reside no fato de que

> os métodos de pesquisa tradicionais, como perguntar aos consumidores por que eles compram um produto, só chegam até uma parte minúscula dos processos cerebrais que estão por trás do processo de tomada de decisão. [...] A maioria das nossas decisões de compra não são nem remotamente conscientes. O cérebro toma a decisão, e, na maioria das vezes, nem temos consciência disso.

A despeito da importância dessas pesquisas, é importante ressaltar os dilemas éticos que tal conhecimento pode criar para os executivos de marketing. Questões como a privacidade do investigado e os usos deletérios desse tipo de informação visando o controle e a manipulação do comportamento dos consumidores devem ser vistas como preocupações pelos profissionais de marketing.

Este capítulo abordou o conceito de envolvimento na compra, os tipos de decisão do consumidor final e as principais tendências correntes em termos de pesquisa de comportamento de consumo, como a etnografia, o *coolhunting* e o neuromarketing. Mais do que fechar questões ou descrever soluções definitivas, nosso objetivo é apresentar a dinâmica permanente dos esforços envidados pelos profissionais de marketing para acompanhar as trajetórias dos segmentos a que atendem.

Conclusão

Aceitando o desafio de organizar uma ampla gama de conceitos em uma obra concisa, procuramos lançar alguma luz sobre o entendimento do comportamento do consumidor, tanto final quanto organizacional, a partir do aporte conceitual das ciências do comportamento — psicologia, sociologia e antropologia —, reconhecendo a importância da personalidade, do sistema social e da cultura como condicionantes do consumo, além dos fatores situacionais. A abordagem teórica foi ilustrada com exemplos da vida prática e complementada por alguns modelos que visam simplificar o entendimento das etapas do processo decisório da compra, bem como sua relação com o envolvimento emocional e cognitivo dos que participam do processo.

Com o objetivo de orientar o leitor em futuras pesquisas, destacaremos a seguir alguns tópicos que devem despertar cada vez mais o interesse dos profissionais de marketing no estudo do comportamento do consumidor.

O primeiro refere-se ao aumento do interesse pelas pesquisas de mercado que utilizam metodologias de coleta de dados de natureza qualitativa, mais especificamente que lançam mão de pesquisas de observação. Nesse sentido, tanto as pesquisas na área da *consumerologia* quanto as que adotam o *método etnográfico* tendem a se tornar cada vez mais frequentes para subsidiar ações de marketing. O crescimento do interesse em dados oriundos dessas metodologias justifica-se pela necessidade premente de uma compreensão naturalística do comportamento do consumidor, isto é, da coleta de dados em situações que envolvam o cotidiano dos consumidores em suas atividades de trabalho, lazer e consumo. Além disso, ocorre também a problematização cada vez maior dos resultados obtidos a partir de pesquisas quantitativas, em especial a coleta de dados realizada empregando-se questionários fechados. Tudo visa a uma compreensão mais a fundo do comportamento de consumo das pessoas em situações reais de compra, além da busca de informações mais detalhadas sobre variáveis dos consumidores, como sua estrutura de personalidade, seu estilo de vida e a natureza de sua relação com as marcas, produtos e serviços.

O segundo tópico — uma extensão do anterior — está intimamente ligado à realidade do mercado consumidor brasileiro. Com a estabilidade econômica dos últimos 15 anos e o crescimento econômico sustentado, além de um conjunto de políticas governamentais de transferência de renda, nos últimos anos um novo segmento de consumidores surgiu na tela do radar dos profissionais de marketing brasileiros: os consumidores oriundos de segmentos econômicos menos favorecidos, denominados "classe C" ou "a nova classe média". Um breve exame do que vem sendo publicado em periódicos, revistas especializadas e *papers* mostra o aumento das pesquisas de mercado visando a uma melhor compreensão desse novo *target* de consumidores. Esse fenômeno não é exclusivamente brasileiro, haja vista o crescimento de mercados consumidores em países emergentes cuja estrutura econômica se assemelha à brasileira, como Índia e China. Como resultado, corporações transnacionais de bens de consumo e de serviços estão aumentando seus investimentos em pesquisas de mercado que procurem, a partir do uso de metodologias qualitativas como a observação e a etnografia, descrever com maior riqueza de detalhes as práticas sociais dos consumidores integrantes da chamada "base da pirâmide" (BDP), um novo e rentável *cluster* global de consumidores que, recém-saídos de condições de vida bastante sofríveis, vêm mostrando ao mundo o seu imenso potencial de consumo de bens e serviços (Prahalad e Vieira, 2009).

Por fim, outro tópico de interesse é a ascensão do campo de estudos do neuromarketing, entendido aqui como uma área promissora e potencialmente polêmica no que diz respeito ao estudo do processo decisório da compra. A pesquisa sobre as áreas corticais e subcorticais envolvidas nas decisões de compra levanta sérios dilemas éticos quanto ao seu uso por parte das empresas que procuram otimizar resultados decorrentes do comportamento de compra. Entre tais dilemas, o mais importante tem a ver com o uso de estratégias que possam minimizar o papel do controle consciente a partir do uso de estimulações de marketing subliminares que diminuam o controle voluntário das decisões de compra. Tal discussão, apesar de não ser recente, voltou à baila com maior ênfase dado o incremento das pesquisas em neuromarketing. É função do profissional de marketing discutir o uso crítico e socialmente responsável de tais achados empíricos.

Referências

BALANDIER, G. Etnografia, etnologia, antropologia. In: GURVITH, G. (Org.). *Tratado de sociologia*. São Paulo: Martins Fontes, 1977. v. 1.

BAYTON, James A. Motivation, cognition, learning — basic factors in consumer behavior. In: ENIS, B. M.; COX, K. K. (Eds.). *Marketing classics:* a selection of influential articles. 2. ed. Boston: Allyn & Bacon, 1993.

BERKOWITZ et al. *Marketing*. 6. ed. Rio de Janeiro: LTC, 2003.

BOURDIEU, P. *La distinction*. Paris: Seuil, 1984.

BROOKS, D. *Bubos no paraíso:* a nova classe alta e como chegou lá. Rio de Janeiro: Rocco, 2000.

CAMPBELL, C. *A ética romântica e o espírito do consumismo moderno*. Rio de Janeiro: Rocco, 2001.

ENGEL, J. F.; BLACKWELL, R. D.; MINIARD, P. W. *Comportamento do consumidor*. 8. ed. Rio de Janeiro: LTC, 2000.

FEATHERSTONE, M. *Cultura de consumo e pós-modernidade*. São Paulo: Nobel, 1995.

GADE, C. *Psicologia do consumidor*. São Paulo: EPU, 1980.

HAWKINS, D. I.; MOTHERSBAUGH, D. L.; BEST, R. J. *Comportamento do consumidor*: construindo a estratégia de marketing. 10. ed. Rio de Janeiro: Campus, 2007.

KARSAKLIAN, E. *Comportamento do consumidor.* São Paulo: Atlas, 2000.

KOTLER, P. *Administração de marketing*: a edição do novo milênio. São Paulo: Prentice-Hall, 2000.

_____; ARMSTRONG, G. *Princípios de marketing.* 7. ed. Rio de Janeiro: LTC, 1999.

LEVITT, T. A miopia em marketing. In: LEVITT, T. *A imaginação de marketing.* São Paulo: Atlas, 1985.

LIMEIRA, T. M. V. *Comportamento do consumidor brasileiro.* São Paulo: Saraiva, 2008.

LINDSTRON, M. *A lógica do consumo*: verdades e mentiras sobre por que compramos. Rio de Janeiro: Nova Fronteira, 2008.

MARTIN, N. *Hábitos de consumo*: o comportamento do consumidor que a maioria dos profissionais de marketing ignora. Rio de Janeiro: Campus, 2009.

MYERS, D. *Introdução à psicologia geral.* 5. ed. Rio de Janeiro: LTC, 2002.

NUNES, J. M. G. *Tecnologias informáticas e modos de subjetivação.* 2000. Tese (Doutorado em Psicologia) — PUC-Rio, Rio de Janeiro, 2000.

PALUMBO, Stefano; CAVALCANTI, Bruno Cesar; NASCIMENTO, Cristina. *Cara brasileira*: a brasilidade nos negócios — um caminho para o "made in Brazil". Brasília: Sebrae, 2002.

PARENTE, Juracy. *Varejo no Brasil.* São Paulo: Atlas, 2000.

PEPPERS, D.; ROGERS, M. *One to one B2B*: estratégias de desenvolvimento de clientes para o mundo business-to-business. Rio de Janeiro: Campus, 2001.

PRAHALAD, C. K.; VIEIRA, A. G. *A riqueza na base da pirâmide.* Porto Alegre: Bookman, 2009.

ROCHA, A.; CHRISTENSEN, C. *Marketing*: teoria e prática no Brasil. 2. ed. São Paulo: Atlas, 1999.

ROGERS, Everett. *Diffusion of innovations*. 3. ed. New York: Free Press, 1993.

ROMEO, R. *Vendas B2B*: como negociar e vender em mercados complexos e competitivos. São Paulo: Pearson Prentice-Hall, 2008.

SAMARA, B. S.; MORSCH, M. A. *Comportamento do consumidor*: conceitos e casos. São Paulo: Pearson Prentice-Hall, 2005.

SCHIFFMAN, L. G.; KANUK, L. L. *Comportamento do consumidor*. 6. ed. Rio de Janeiro: LTC, 2000.

SILVA, Ney. Mesa-redonda Bom Caminho. *Revista do Anunciante*, v. 6, n. 52, p. 16, 6. nov. 2003.

SIQUEIRA, A. C. B. *Marketing empresarial, industrial e de serviços*. São Paulo: Saraiva, 2005.

SOLOMON, M. *Comportamento do consumidor*. 5. ed. Porto Alegre: Bookman, 2002.

STERNBERG, R. J. *Psicologia cognitiva*. Porto Alegre: Artes Médicas, 2000.

______; GRIGORENKO, E. L. *Teaching for successful intelligence*. Thousand Oaks, CA: Corwin Press, 2007.

TELLES, R. *B2B*: marketing empresarial. São Paulo: Saraiva, 2003.

TROIANO, J. *As marcas no divã*: uma análise de consumidores e criação de valor. Rio de Janeiro: Globo, 2009.

UNDERHILL, P. *A magia dos shopping centers*. Rio de Janeiro: Campus, 2004.

______. *Vamos às compras*: a ciência do consumo nos mercados globais. Rio de Janeiro: Campus, 2009.

WINICK, Charles, Anthropology's contributions to marketing. In: HOLLOWAY, R. J.; HANCOCK, R. S. *The environment of marketing behavior*. 2. ed. New York: John Wiley & Sons, 1999.

Os autores

Roberto Meireles Pinheiro

É mestre em educação pela PUC-Rio, pós-graduado em administração pelo Coppead/UFRJ e engenheiro naval pela EE/UFRJ, e professor convidado dos MBAs da Fundação Getulio Vargas (FGV).

Guilherme Caldas de Castro

É mestre em engenharia de transportes com ênfase em marketing pela Coppe/Coppead, pós-graduado em análise de sistemas e estatístico pela Uerj; professor e chefe do Departamento de Estatística da Uerj, presidente do Comitê de Inteligência e Pesquisa de Mercado da ABA e professor convidado dos MBAs da FGV.

Helder Haddad Silva

É mestre em administração de empresas pela PUC-SP, especialista em marketing e publicitário pela ESPM-SP. Sua experiência profissional inclui docência em cursos de administração, marketing e publicidade e propaganda, bem como consultoria a diversas empresas, como LG Electronics, Illuminas Global UK, Arcor, Ajinomoto, SAP, Rhodia, Bosch Continental, Leroy Merlin, TVA, Senac-SP, entre outras. É professor convidado dos MBAs da FGV.

José Mauro Gonçalves Nunes

É doutor em psicologia pela PUC-Rio, psicólogo pela UFRJ, professor convidado do IDE/FGV Management, professor adjunto da Faculdade de Educação da Uerj, trabalhando no Laboratório de Estudos da Aprendizagem Humana (Leah) e na Coordenação Especial de Educação Continuada (CEEC) da Reitoria da Uerj. Foi professor adjunto do Departamento de Psicologia da PUC-Rio e é professor convidado dos MBAs da FGV. Também é autor de diversos artigos acadêmicos, do livro *Linguagem e cognição* (LTC, 2006), do *blog* Pragma: linguagem, cognição e cultura de consumo <www.josemauronunes.blogspot.com>, <www.josemauronunes.wordpress.com>.

Este livro foi impresso nas oficinas gráficas da Editora Vozes Ltda.,
Rua Frei Luís, 100 – Petrópolis, RJ.